教育管理模式的创新研究

齐　菲◎著

文化发展出版社
Cultural Development Press
·北京·

图书在版编目（CIP）数据

教育管理模式的创新研究 / 齐菲著 . — 北京 ：文化发展出版社，2023.12

ISBN 978-7-5142-4231-7

Ⅰ . ①教… Ⅱ . ①齐… Ⅲ . ①教育管理－管理模式－研究 Ⅳ . ① G40-058

中国国家版本馆 CIP 数据核字 (2024) 第 016022 号

教育管理模式的创新研究

齐　菲　著

出 版 人：宋　娜

责任编辑：任秀颖　　　　　　责任校对：岳智勇

责任印制：邓辉明　　　　　　封面设计：张秋艳

出版发行：文化发展出版社（北京市翠微路 2 号　邮编：100036）

网　　址：www.wenhuafazhan.com

经　　销：全国新华书店

印　　刷：天津和萱印刷有限公司

开　　本：710mm × 1000mm　1/16

字　　数：200 千字

印　　张：10.5

版　　次：2024 年　5 月第 1 版

印　　次：2024 年　5 月第 1 次印刷

定　　价：72.00 元

I S B N：978-7-5142-4231-7

◆ 如有印装质量问题，请电话联系：010-58484999

前　言

21 世纪是高科技的竞争，说到底也是人才的竞争。当今世界正处在一个不断发展、变革、调整的时期。各国经济竞争日趋激烈，人才竞争在经济竞争中处于首要地位。我国正处于改革发展的关键时期，要想在这场竞争中取得成功，就必须建立良好的人才竞争机制，大力发展教育。基础教育是提高国民素质、培养创新型人才的基础工程。我们国家一直非常重视基础教育。

社会经济的巨大变革和发展，文化环境的价值取向，我国教育政策的调整和教育观念的转变，教育科学理论的突破，世界基础教育课程改革的新趋势，一并引出了我国基础教育课程存在的弊端性问题，为我国基础教育课程多元化发展提供了背景。教育管理是教育活动不可缺少的组成部分，随着社会的发展和进步，它在教育活动中的地位和作用变得越来越重要。教育管理理论应用于管理实践是一个漫长的过程，理论与实践相结合是培养人才的有效途径。为加强教育管理，我国逐步建立了系统、科学、客观的教育评价体系。通过教育评价的反馈信息，我们可以了解教育改革中的各种新情况，确定教育发展的方向，作出正确的决策，从而进一步加快和深化教育改革。

本书共五章，第一章是对教育管理的概述，介绍了教育管理的内涵与价值、教育管理的目标与原则以及教育管理的规律与方法；第二章主要是教育管理理念研究，包括全面贯彻教育方针、发展素质教育以及依法治校这三部分；第三章内容是高校教育管理体制改革研究，介绍了国内外教育管理体制、高校内部管理体制改革研究、高校课程管理体制改革研究与高校科研经费体制改革研究；第四章为教育管理模式研究，包括学生管理、教师队伍管理与教育行政管理；第五章则为当代高校教育管理模式创新路径分析，内容包括高校教育教学的信息化建设、高校科技创新与管理以及后勤服务与资源管理。

在撰写本书的过程中，作者参考了大量的学术文献，得到了许多专家学者的帮助，在此表示真诚感谢。本书内容系统全面，论述条理清晰、深入浅出，但由于作者水平有限，书中难免有疏漏之处，希望广大同行及时指正。

齐　菲

2023 年 6 月

目　录

第一章　教育管理概述

本章是对教育管理的概述，介绍了教育管理的内涵与价值、教育管理的目标与原则以及教育管理的规律与方法这几部分内容，可以使读者对教育管理作基本的了解。

第一节　教育管理的内涵与价值

教育管理作为一种教育现象由来已久，它是伴随着教育活动的发展而产生和发展的，是涉及教育工作日常运转的实践活动。一般认为，人们在教育领域所从事的管理活动构成了教育管理活动。教育管理学界对“教育管理”概念的界定有多种，主要源于对教育管理的研究是从教育自身的规律去透视，还是按照社会管理的原理去研究，或者说是从两者“有机结合”“相互渗透”的视角去观察分析，这实际上反映了教育管理的共同性、普遍性和特殊性、差异性的关系。

一、教育管理的内涵

教育管理的定义可以从广义和狭义两个角度来考虑。在一定的社会环境下，广义的教育管理依靠科学技术手段，合理分配教育资源，协调各种关系，提高教育机构的运作效率和教育质量，促进教育业的进步，包括教育行政和学校管理。狭义的教育管理一般是指学校管理，但在现代社会“大教育”的概念下，教育管理显然不仅仅指学校管理。由于在整个教育管理系统中学校管理始终是最主要的组成部分，对教育管理现象的研究绝大部分集中于学校管理方面。因此，现有的一些研究就用学校管理替代了教育管理，但这并不妨碍我们对教育管理概念的全面理解。

教育管理的对象是教育活动本身，具体来讲就是对与教育有关的人、财、物、信息等的管理。由此，对教育管理我们可以有如下理解：

第一，教育管理是一项涉及多方面内容的管理活动。教育受制于特定社会环境，它的存在和成长受到社会环境各个因素或促进或限制的双重影响。教育管理则是在这种社会环境下依据科学的方法对教育组织及组织中的人员进行预测、规划、组织、指导、监督、协调、激励、控制等，使有限的教育资源得到充分开发和合理配置，以实现提高教育质量、增进办学效益、促进教育事业发展的目的。

第二，教育管理本身不是目的，而是一种手段。优质的教育可以培养出高素质的劳动力。现代社会教育已构成一个规模庞大的事业，从学前教育到中小学义务教育，从普通高等教育到在终身教育思想基础上发展起来的各类成人教育，已形成一个人数众多、层次复杂、规模庞大的体系。因此，对教育事业进行有效的领导和管理，协调教育与社会其他事业的矛盾与关系，合理地规划和利用教育资源，才能保障这项庞大而又耗费资源的事业健康发展，实现国家的教育理念，最终保障全体公民受教育的权利。

第三，教育管理与其他管理既有共同之处，又有显著差别。众所周知，教育在一个国家的公共事务中占有十分重要的地位，而对教育的管理则成为公共管理的重要组成部分。在教育管理活动中，国家行政组织对教育的管理即教育行政管理，在很大程度上带有公共管理的性质，即一方面要追求公共利益，更强调为公众服务，不太受市场因素的干扰；另一方面它要反映统治阶级的意志，具有至高无上的政治权力和权威。而更具体的教育管理活动则集中在各级各类教育机构对其内部活动的管理，即学校管理。相对来讲学校管理也具有公共管理的一般的、共同的特征，但学校管理活动有着自身的独特性。学校作为一个专门培养人的机构，其管理更强调人的因素，尤其是人的心理因素所产生的作用。

教育管理现象作为人类教育活动中的一种特定现象，自学校教育产生之日起就已存在。随着教育管理活动对教育进步乃至整个社会发展具有越来越重要的意义，对教育管理活动的研究也日益引起人们的关注。对于广大的实际工作者而言，研究教育管理活动并非为了研究而研究，而是为了把握理论、认识本质，以更好地指导实践。那么，教育管理的理论来自哪里？这些理论又能产生什么作用呢？理论的包容面很广，可能是个简单的归纳，也可能是一套复杂的规则；可能是哲学性的，也可能是科学性的。

近年来，随着管理科学和教育科学理论的不断丰富，教育管理研究的理论倾向也在逐步加强，围绕教育组织特性、教育政策、教育领导、教育决策、学校人际沟通、教师激励、校本管理等方面的研究，已经达到了相当的深度。伴随着教育理论和管理科学理论的综合和分化，这种重理论研究的趋势还在不断加深。这些理论除了有思辨式的说教和议论，也有大量的运用定量和定性的方法所得到的实证研究结果，无论采取哪种方法，都是从不同角度描述、解释和揭示教育中的管理问题。教育管理者必须对教育管理的过程和现象进行分析和研究，把握其规律，才能更好地从事教育管理活动。

理论联系实际是研究教育管理的基本策略。作为从事学校管理的实际工作者，他们长期工作在学校，对学校教育教学活动和管理工作十分熟悉，也形成了一定的工作思路和工作方法，积累了丰富的管理经验。但是，仅凭这些只能应对日常的管理工作，属于经验型的管理者对于学校的办学理念与长远发展规划等缺乏理性思考，仍然不能成为一个有效的管理者。理论联系实际的立足点应该是研究，因为不经过研究，管理实践难以上升到理论；同样，不经过研究，先进的管理理论也不可能直接有效地指导教育管理实践。有教育管理学者指出，教育管理实践所需要的不是我们通常所理解的科学知识，而是一种专业知识。专业知识是在校长、教师的思考反思引导的行动中产生的，因而教育管理便是一种实践的科学，一种源自实践的理论，它为教育管理者提供了一种来自工作又用之于工作的实践化和理论化的理论。教育管理者可以通过理论掌握和实践研究得到更多的启示，而不是等待理论研究者开具处方。

二、教育管理的价值

（一）教育管理的价值内涵

教育管理的价值在广义上可以指教育管理对于人的一切意义，这种意义包括教育管理的一切有用性。它是在人与教育管理活动的关系中体现出来的积极意义或有用性，只有当教育管理符合或能够满足人们的需要，在人与教育管理之间形成价值关系时，教育管理才有价值（有用性）可言。这里的价值广义上既包括教育管理的目的性价值，又包括教育管理的工具性价值。前者如教育管理的自由、平等、公平、正义、人性、人的自由全面发展的意义；后者如教育管理在效率、民主、法治、秩序等方面的功能与作用。但我们不能将教育管理的功能与作用列入教育管理的价值。过分庞大的教育管理的价值内容并不利于我们对教育管理的价值进行具体而深入的研究。因此，对教育管理价值的内容范围还是做适度限制为好。

教育管理的价值以教育管理与人的关系为基础。人是教育管理价值的主体，教育管理的价值是人的制造物。人与教育管理的关系抽象地说就是哲学上的主客体关系，具体地说即教育管理的价值关系。教育管理的价值是在教育管理的价值关系中产生、存在，并体现出来的。没有价值关系，教育管理的价值就没有产生和存在的社会基础。

教育管理的目标即教育管理本身，是一种重要的价值客体。教育管理现象可以被描述为传达价值观念以指导教育管理实践的现象。教育管理的价值客体首先是指教育管理体系、制度、规章等方面；其次是指以社会状态存在的教育管理，包括教育管理的运行过程及现象；最后是指以观念形态存在的教育管理。教育管理的价值客体的内容是非常丰富的。

教育管理的价值是教育管理所有属性的表现。如果教育管理未能蕴含促进人们自由、民主、平等以及全面发展等价值的基本特质，那么它很难具备对应的价值。仅仅将教育管理的价值视为一种内在属性是不完备的，这是一种将教育管理的价值等同于教育管理的属性的观点。教育管理的价值取决于教育管理的属性，但并不等于教育管理的属性。教育管理的价值是以教育管理的属性为基础的。

（二）教育管理的最高价值准则

教育管理的最高价值准则是教育管理的终极追求。多数学者都认为教育管理的最高价值准则是公正或者正义。其实，教育管理的最高价值准则应当是实现人的全面发展。实现人的全面发展是社会和个人的共同追求，而教育管理则是在这一过程中产生的，其使命是促进人的全面发展。人类一直在努力追求自身的全面发展。

（三）教育管理价值的存在形式

教育管理价值的存在具有多种形式。要想了解教育管理的价值，可以通过多种探究方式来深入探索，以下是对其主要存在方式的概括。

1. 明示和暗含的存在形式

有些教育管理价值可能比较明显。明示的存在指的是以明文规定的方式，如法规、政策、制度、规定等形式表述的存在。有些教育管理的价值是以暗含的方式展现出来的。教育管理的价值亦可隐藏于教育管理的规章制度、政策措施、法律法规等方面之中。

2. 观念、理论和制度的存在形式

在有些哲学家看来，价值意识可以作为精神形态独立存在。如有学者认为，价值就如同颜色，是可以独立于其载体之外而存在的。这里所称的价值已上升至精神形态，是一种独立的价值意识。马克思的价值概念同样也具有独立的意识形态上的意义。

价值关系意义上的精神产品是指由人们创作并记载流传的、能满足价值主体需要的思维成果。精神产品虽然离不开承载物（如石木、纸张、胶片、磁盘、网络），但其价值客体的利益形态不在于实体物，而在于物之上所承载的意识形态（如思想政治理论、道德价值观念）、技术知识、信息符号、文艺作品和其他精神产品等的有用性。至于哪些精神成果可以作为价值客体或可以进行有效利用，政府的政策法规和社会伦理规范都有具体规定。社会主义社会是禁止传播邪教、恶俗等麻醉人意志的不健康的精神产品的。

教育管理的价值可以以理论的形式存在，这种形式的教育管理的价值由特定的学问家所创设，并以理论形式予以记载。教育管理价值的理论形式是观念形式的升华，教育管理的价值还可以以制度的形式存在。制度的价值是在人（主体）与制度（客体）的关系中体现出来的积极意义或有用性。教育管理的制度化形式可以以原则或规范的方式存在，但无论哪种方式，都具有一定的价值基础和价值目标。

（四）教育管理价值冲突的表现

1.价值观念的冲突

在教育管理领域中，价值观的矛盾主要表现为个体自身价值观念上的冲突以及个体间价值观的冲突。主体具有多重属性造成主体自身教育管理价值观上的矛盾。即使在同样情况下，即便是相同的人从同一角度看，也可能会产生不同的教育管理价值观念和价值目标。如果这些不同的教育管理的价值认识和价值追求不能得到很好的协调和统一，那么就会产生教育管理的价值观念冲突。主体一旦出现冲突，就会变得很彷徨。而对于管理者而言，坚持制度原则与追求正义公平之间很可能会产生冲突，这就是自身的冲突。教育管理的价值观冲突在一定程度上是由时代的差异所导致的。因此也就存在着当今教育管理的价值观与历史教育管理的价值观的冲突、当今教育管理的价值观与将来的教育管理的价值观的冲突，其中前者是人们比较关注的冲突。

2.价值准则的冲突

不同的价值标准有不同的目标，它们之间不可避免地会出现冲突。教育管理的不同价值准则会导致教育管理有不同的价值目标，这些目标之间必然会发生矛盾和冲突。以下几个方面是教育管理的价值准则之间存在的冲突。

（1）自由与民主的冲突

由于自由与民主的重心不同，它们之间会出现冲突。自由注重个人自主、行动自由和自我成长；民主则更加强调人际关系方面的平等。自由基于个人，而民主基于人的相互关系。民主和自由同等重要。如果必须选择一个，有些人会强调自由，这意味着每个人都应该享有自由的生活和发展；另一些人认为民主更重要，因为每个人都应受到平等对待，社会阶级不应差别过大。在教育管理方面，自由价值和民主价值之间存在一定冲突。这个冲突主要表现在教育管理制度的制定上，即优先考虑自由还是民主。在实际的教育管理中也会面临类似的矛盾。

（2）自由与秩序的冲突

自由强调的是个体的发挥，而秩序强调的则是组织的规律性和稳定性。自由可能会打破原有的秩序平衡，秩序也会对自由造成某种限制。因而，二者之间的矛盾很难避免。就教育管理而言，重视自由胜过秩序包括三种观点：第一种观点是，在制定教育管理制度时需要对自由做出妥协，它应该支持并保障自由，而不是限制自由。个人自由至高无上，而教育管理及其秩序则必须顺从并维护这种自由。第二种观点是，在教育管理范围内，当自由和秩序发生矛盾时，应坚持自由而放弃秩序。第三种观点是，自由高于教育管理和秩序，若以限制自由的方式来维护秩序，则不能算是良好的教育管理，还可能会抛弃秩序、法制和管理制度，以换取自由的追求。自由和秩序之间应是辩证统一的。在实践的教育管理中，教育学家和管理学家常难以对两者作出裁决，甚至毫无头绪。

（3）秩序与正义的冲突

通常来说，秩序和正义这两个管理价值是可以并存，但是它们之间也无法避免存在冲突。从抽象角度来看，秩序和正义均有优点。一般而言，秩序有助于治理、营造和谐的社会氛围，以及社会的稳步发展和良好前进。如果缺乏正义作为支撑，秩序必然难以维持下去。正义可以满足人们的精神需要，建设和维护有序的社会秩序。在一些情形下，秩序和正义也会相悖，为了保持秩序而必须放弃一定的正义，或者为了维护正义而必须牺牲一定的秩序。

3. 真实冲突和虚假冲突

从兴趣的角度来看，教育管理的价值冲突可归纳为真实的冲突和虚假的冲突。

教育管理的价值冲突也许是客观存在的，也许是主观认为的。可以被视为真正的教育管理价值冲突的是那些与客观存在相关、并非由人误解引起的冲突。在教育管理领域，一种冲突是人们认为真实存在的，但实际上却是虚构的，我们可以称之为教育管理中的虚假冲突。换句话说，教育管理价值的真正冲突是一种客观存在；虚假冲突是人们认为存在实际并不存在的冲突。许多教育管理领域中所谓的价值冲突实际上并不存在，只是因为人们的错误理解而出现。

4．不同价值主体之间相互对立的情形

在教育管理中，由于不同的主体持有不同的价值观念和认知选择，因此可能会出现冲突。冲突的出现在于个体的主观意愿和多元性，倘若个体自身有内在的认识，无论是在个体内部或不同个体之间，都有可能引起价值观念的矛盾。从不同的参与者角度来看，就会发现彼此在价值问题上的不同和矛盾。就个人而言，表现为犹豫不决、自相矛盾、彷徨痛苦、无所适从等。除了人类的意识引起的价值冲突，人类的多样性也造成了冲突。因为人类拥有自我意识并且以不同形式存在，所以出现了个体间的价值观差异、不同群体之间的冲突以及社会与个体之间的矛盾，这些都构成了价值观冲突。如果教育管理的某个方面或环节与这些价值冲突相关，那么就会出现教育管理方面的价值冲突。在教育管理中，不同的人可能存在观念分歧、认知差异、选择对立，甚至同一个人在这几个方面也可能难以做出决策。

5．教育管理体系、制度、政策冲突中的价值对立状态

在教育管理领域，各种管理体系、法规、制度和政策之间存在许多不同的价值观冲突。存在于各种教育管理制度的价值冲突是不可避免的。市场经济和计划经济的教育管理制度体系的价值必然存在差异；民主法治和专制集权的教育管理制度体系的价值也是不同的。在多种不同性质的教育管理制度体系共存并相互影响、相互转化时，它们就可能存在着价值上的冲突。例如，在市场经济的教育管理制度下，最重要的是确保实现自由、效率、民主、法治和秩序等价值。此外，在同一教育管理制度下，也可能会发生价值冲突。在一个教育管理制度中，由于涉及多个价值目标，因此规则之间可能会发生价值冲突。教育管理制度和规则反映了一定的价值观念，并旨在实现特定的价值目标，在表达自己和应对教育事件时也要做出权衡，价值观必然会存在其中。

教育管理的价值冲突无法避免，但并非无法预测和不可调和。教育管理之中的价值冲突实际上可以具有正面的社会和实践意义。在教育管理中，不同人的意识才造成了价值冲突，这展现了人类思想的丰富性。解决教育管理中的价值冲突是人类前进的必要途径，也是人类前进的象征。

（五）教育管理价值冲突的解决

对于价值冲突，我们应该从一切为了人的自由而全面发展的最高也是最终的价值标准出发进行协调，这样价值冲突就会得到一个合理的解决。

1. 不能机械地坚持以某一价值为中心

解决价值冲突时，若固执地将特定的价值观置于核心地位，仅以具体的价值情况为现实基础，很可能会走向歧途。因为在不同的环境中，正确的策略可能有所不同。如市场经济方面的法律是以自由为中心的，而社会保障方面的法律是以民主为中心的。因为价值的中心是相对的，所以价值中心论难以生存，甚至可能被推翻。人类的伦理实践表明，许多伦理原则，诸如平等、民主、和平以及一些人权原则等，从来都不是无条件被执行的。

2. 遵循教育管理的基本价值

教育管理的其他价值必须符合基本价值，并服从它。教育管理的基本价值是一个有机联系的整体：秩序是人类生存的基本条件，民主是人类生存和发展的必需，公正是人类社会得以维持的保证，自由是人类的基本权利，发展是人类追求的最终指向。它们是一个整体，都共同服务于最终目标，促进人类的全面发展。对于教育管理的基本价值，不同的人会有不同的看法。但无论人们如何认识基本价值的基本内容，在衡量教育管理制度时，教育管理的基本价值总是最基本的评价准则。凡是违反教育管理基本价值的制度大多是“不良制度”“恶制度”。

（六）教育管理的价值实现

教育管理的价值实现是指将教育管理的目标转化为现实的过程和结果，也就是将教育管理的价值活动目标变成现实的过程和结果。教育管理的价值实现是教育管理的价值主体作用于教育管理的价值客体的过程，是将教育管理的价值变成具有客观量化特点、对主体“人”产生期望意义、使教育管理的价值客体主体化的过程，以实现其在产生实际影响、效果和效益方面的作用。为了实现教育管理的价值，我们需要进行复杂的社会实践和社会建设。

教育管理实现价值首先在于将其目标付诸实践。教育管理旨在达成多项目标，其中包括效率、秩序、民主、生命、自由、平等、人权、正义以及发展等，这些目标构成了教育管理的核心价值观，并对其进行指导。教育管理的价值目标展现了人们对教育管理的期望和理想。所有教育管理的价值目标都源于长期的实践经验，并不断更新完善。实现教育管理的目标，与人类的期望和理想相符。

除此之外，明确界定和保护教育产权是提高教育管理体制效率、实现教育管理价值的基本要求。全面建立和完善现代教育产权制度是我国社会主义市场经济改革和精神文明建设的重点。建立和完善适应市场机制的现代教育产权制度是市场配置教育资源的前提。教育市场的完善和有效性决定并影响着教育资源配置的有效性。只有“产权明晰、权责明确、政校分开、管理科学”，才能有效规范教育资源市场化配置后的办学行为。目前，教育产权存在的问题表现在以下几个方面。

1. 管理权的不明确

在国内教育市场机制不完善的情况下，我国教育体制改革和教育资源配置面临诸多制度和政策障碍，最突出的是教育资源配置主体不明确、缺少健全的法律和政策支持。从经济学角度来看，投资者应该对其投资行为负责并从中受益，他们必须拥有管理权。学校作为一个大系统，其运行和管理非常复杂，投资办学的投资者往往没有能力办学。因此，他们会委托相关代理人管理和运营学校。

政府是教育供给的核心力量。教育作为准公共产品，必须由政府大力发展。因此，政府应该成为教育投资的最大主体。然而，政府对教育领域的各种事务干预过多，权力范围不断扩大，导致学校官僚行为日益增多，降低了教育管理体制的效率。

政府可以创设教育机构，生产教育产品，或者采取政策手段将教育产品和服务委托社会团体承担。尽管中央政府已经出台新的地方总体规划机制以进行宏观管理，但在高等教育体制改革方面，各地区都缺乏适应新形势的经验及管理人才。

2. 收益分配混乱

近年来，关于教育的盈利能力有许多争议。财产权总是与利益联系在一起的，离开利益的财产权是不存在的。教育产权的利益主体不仅包括教育投资者，还包括教师。教育的收益分配应该规范化。

首先，对教育收益额进行限制。因为教育具有独特性，学校与消费者之间信息不对称，难以确定收费成本。为了控制价格，必须实施诸如听证会和物价部门审查等措施。

其次，进行盈利和利润的分配。法律规定了各权利主体间的利润分配比例，并限制了积累与分配的比例，以保证利润主要用于学校的发展，一小部分用于回报投资者。

最后，利用税收政策调节投资者的回报率。对流出教育领域的资金进行调节，鼓励投资者将利润继续注入学校。

（七）教育管理价值实现的意义

1. 有利于升华人的管理实践

如果教育管理的价值实现被忽视，那么说明人们对教育管理的价值的研究是不够具体的、不够彻底的。人们对深层次的教育管理的价值有深刻的认识，就会促进人类的教育管理实践。反之，则会阻碍人类的教育管理实践。人类的教育管理实践体现了人类一系列的价值追求：基本的而又层次较低的是生存、安全、秩序和知识，高一层级的为民主、效率、法治、自由、平等、人权、公正以及发展等。如果忽视了教育管理的价值研究，人们就难以认识教育管理深层的价值追求，就无法使教育管理文化达到理想的境界。人们包括教育行政者、教育管理者、教师、职工、学生以及社会相关利益者的关于高等教育的精神活动与理性思考就都被掩藏在了高等教育与教育管理的表象的背后。对于教育管理的价值是否实现，人们还没有一个相对清晰的认识。但对教育管理价值实现展开研究，就可以在一定程度上提升人们对教育管理实践的理性认识。所以，教育管理价值实现的研究有助于升华人们的教育管理实践。

2. 有利于提高教育管理和教育管理学的理性水平

在教育管理实践中，是否贯彻了教育管理制度所蕴含的价值，已经成为一个重要问题。教育管理是人类理性发展的活动，教育管理学是人类理性发展的结晶，是人类重要的精神成就。目前，我们对教育管理学学科的认知尚未达到充分理性的境界。许多人认为，教育管理学通常只被看作经验总结而非严谨的理论性的学科。加强高水平、理性层次的教育管理的研究与应用，有助于纠正人们对于教育管理及其学科的误解，让教育管理学回归到其作为理性产物的境界，使教育管理学不再被认为是最没有学问和理论的学科。

3. 有利于深化教育管理的价值研究

如果教育管理的价值研究仅仅达到认识一些教育管理的价值原理和价值准则的程度，那么它就不能算达到了应有的高度。将教育管理的价值实现作为教育管理的价值理论中相对独立的一个理论方面进行专门的研究，就能够在一定程度上将人类既有的关于教育管理的价值原理研究、价值准则研究再向前推进一步；使高深玄奥的教育管理的价值理论更加完善，更充满活力，更好地为社会所接受；使教育管理的价值准则更好地得以贯彻、实现；使已有的教育管理价值研究的理论成果能较充分地体现出应有的社会意义，转化为促进教育管理和教育管理学发展的现实力量。

通过探讨教育管理的价值实现，可以将教育管理的理论性价值转化为可行的策略和可操作性方法，应用于教育管理实践中。

第二节 教育管理的目标与原则

一、教育管理的目标

（一）目标及教育管理目标

1. 目标的含义和特性

目标就其词义来说，是指目的，指想到达到的境地或标准。具体来说，目标是在特定环境和限制条件下，个人、群体或组织以预测为前提，依据一定的价值观对自身行为所确定并努力达成的某种标准、规范或状态。

目标是主观付诸客观的东西。一方面，目标集中展现了人们的想法和期望，反映了其主观能动性；另一方面，目标超前展现了未来的标准或状态，体现了客观现实的预期。因此，我们在设定目标时，必须确保个人需求与现实相协调。以下是目标的特征。

（1）未来导向性

由目标的含义可知，目标可以归为方向，向人们展示通过努力所能达到的未来前景。目标是对未来的预测，是超前思维的产物，对人类的实践活动具有引导作用。为了增强组织或部门的管理能力，需要制定一个方向，以协调和整合各方面资源，引导单位成员共同活动。只有将目标的影响力融入每项工作中，才能激发士气和促进团结，进而提升工作效率和效益。

（2）主客观统一性

目标既是由人所设想和确立的，是“观念地存在着”的东西，又是人对客观认识的反映。人对客观现实有了正确的认识，才可能制定出正确的目标。正确的目标必然是主观设想和客观存在的统一。主观和客观的高度统一性是保证目标正确性的前提和基础。

（3）社会价值性

目标不是组织自身所能完全决定的，也不纯粹是个人意愿的表现。系统论认为，所有组织都是社会的一部分，无论大小，都受到社会的限制。因而目标的确立必然要反映社会的要求。这种基于客观现实、体现主观意志、反映社会要求的目标是人们认同的一种方向，其一经确立，便具有使人们崇尚和追求的价值。

（4）系统层次性

目标并不单一，它们以层级结构互相关联。通常情况下，为实现较高层次的目标所采取的手段，会成为较低层次的目标；实现下一层次的或局部的目标是为了服务于总体目标或上一层次的目标。高层次的目标会从宏观角度考虑，凸显其策略性和总括性的特质；低层次的目标从微观角度出发，具有战术性和具体性的特征。

目标有从属目标和递进目标，有隶属层次（总体、部门、个体）、时间层次（远期、中期、近期）、要求层次（高级、低级），这些目标统一构成目标系统。

（5）实践性

目标的实现是连续性和阶段性相统一的过程，也是完成主观走向客观的过程。这一过程归根结底是实践的过程，离开实践就不可能制定出正确的目标，就谈不上目标的实现。因为目标总是在认识、实践、再认识、再实践的过程中制定、调整和实现的。

2. 教育管理目标的含义和规律

（1）教育管理目标的含义

教育管理目标是指教育主体根据实现教育目的的要求，对各项教育管理活动中管理对象在一定时期内所要达到的预想结果作出的标准规定。从根本讲，它与教育的育人目的是完全相统一的。随着教育改革的不断深入，教育与社会的经济、政治、文化等各个方面的联系日益密切，相应地，也日益承担起更多的社会职能。它需要面对各种各样的社会期望，尽力满足多方面对知识和人才的需求，这就带来了教育管理目标的多样化。

（2）教育管理目标的规律

教育既具有外部规律，又具有其内部规律。外部规律是指教育必然受到社会诸因素的制约和必须为社会的政治、经济和文化等方面服务的规律。内部规律是指教育必须遵循人的认知、成长和发展规律以及人才培养规律。

从外部规律和内部规律的划分方法出发，教育的管理目标可以划分为外部目标和内部目标。外部目标是反映教育社会功能的目标，即在经济发展和社会进步中起作用的目标。内部目标则指反映教育活动状态的目标，如教育目的、要求、途径、质量、水平、条件保证等方面的目标。因而，外部目标可以说是功能性目标，内部目标则可以说是状态性目标。外部目标体现于教育主管部门对教育活动的决策和控制上，内部目标则体现于教育实施部门对自身价值的追求上。

（二）教育管理目标确立的意义

1. 教育的目标管理

教育目标管理是指管理人员协助教育机构和其成员共同拟定教育管理目标和体系的过程。它强调注重目标设置，明确各自分工和职责，鼓励自主学习与发展，协调和控制人才培养工作进展，同时组织检查和评估工作完成情况。简而言之，它就是一种对教育目标的确定、实施和评估全过程的管理。

教育的目标管理，其基本含义包括以下内容。

第一，教育目标管理和教育管理一样，均是教育的组织活动。但目标管理活动的特点是“以目标为中心”，与教育的计划管理、质量管理等有区别。

第二，任何活动都是有过程的，在教育目标管理的活动过程中，目标是贯穿始终的主线，表现在目标的制定、执行、检查和评估等方面。

第三，教育目标管理的提出和发展在关注人的同时，还注重人和工作的结合；必须使各层管理者和被管理者明确自身的责任，提高自觉性，做到自我控制、自我检查和自我评估。

教育管理的核心是教育的目标管理。目标管理活动的一般程序是目标制定、目标实施、目标检验、目标价值。这与一般常规管理过程中的四大环节“计划—执行—检查—总结”基本上是一致的。因此，围绕教育的目标进行有效的管理，就能更好地实现教育的有效管理。

2. 具体意义

在教育管理活动中，确立其管理目标具有十分重要的意义。

（1）目标是教育管理的出发点和行动依据

目标具有决定管理活动方向的作用。教育管理目标决定教育管理活动的方向和任务，规定教育管理活动的内容，影响教育管理活动的途径和方法。教育管理活动是为了最终有效地实现教育管理的目标。没有目标的教育管理就失去了方向和意义。教育管理活动的全过程应着眼于对目标的管理，教育的一切管理活动都要围绕着实现教育管理目标这一根本任务。

（2）目标是调动教育管理者自觉性的重要手段

目标具有激励和鼓舞作用。做任何事都要注重效果，教育管理也不例外。虽然效果的取得受多种因素的影响，但人的自觉性和目标的有效性是直接相关的。自觉性越高，有效性就越大。因此，确立并使管理者明白教育管理的目标，才能使他们形成自发地思考和积极的行为，进而产生热情和激情。

(3) 目标是处理教育管理主客体矛盾的必要条件

目标具有修正、完善作用。目标既是预期可以达到的，也是需要经过一定的努力才能达到的。确立目标的全过程也是分析和认识主客体矛盾的过程。实现管理目标的努力过程也是发现矛盾、处理矛盾和最后解决矛盾的过程。

(4) 目标是检验教育管理效果的依据

目标具有评估作用。检验教育管理的效果，不是看做了多少事情，而是要依据原来确定的教育管理目标检验实际管理活动的效果，做那些事倍功半的事情是与科学管理的要求相悖的。只有确立教育管理目标，才能检验其管理成效的高低和效果的大小，才能使教育的评估有章可循。

（三）教育管理目标确立的依据

教育管理目标的确定需要科学的依据。教育管理目标是整个教育发展目标的一部分，它的确立必然受制于教育发展的各方面的因素。确立教育管理目标，既要适应社会发展的外在要求，又要符合教育发展规律的内在需要，还要考虑教育管理对象的诸因素的不同状况。

1. 教育管理目标确立的社会发展依据

确立教育管理目标，必须把教育的发展放在整个社会发展中考察。当今社会，科学技术突飞猛进，综合国力竞争日趋激烈。为了迎接新时期的挑战，国家制定了“科教兴国”的战略，从而为教育的发展提供了良好的机遇。

人类社会经历了两次变革：第一次是从原始社会向农业社会的转型；第二次是从农业社会向工业社会的转型。现在，人类社会正在经历第三次转型，即从工业社会向知识社会转变。知识社会的核心是知识经济。知识经济是以知识资源为第一生产要素的经济，是以高技术产业为支柱产业的经济，知识经济的基本要求和内在动力在于知识创新和技术创新。

目前，我国的科学技术水平还有待进一步提高、发展不平衡，科技进步对经济发展的贡献率相对较低。我国只有主动迎接知识经济的到来，实施“科教兴国”的发展战略，才能迎头赶上发达国家，从而在国际竞争中争取主动。迎接知识经济、实施“科教兴国”的主要对策有两点：

首先，为了推动我国科技特别是高科技和高新技术产业的持续发展，要建立国家知识创新和技术创新机制。

其次，加强教育改革，着力培养创新型人才。因此，我国的教育体系面临着新挑战，即着眼于发展创新知识和培养创新人才。

2. 教育管理目标确立的教育发展依据

实行教育管理旨在为教育的改革和发展服务，最终实现教育目的。教育发展必须遵循党的教育方针和政策指引，教育管理要遵循党的要求制定目标。

（1）现代教育的改革和发展

现代教育的改革和发展要求人们必须重视和研究国际经济、科技的发展趋势，增强教育的开放意识，认真借鉴世界各国的有益经验，从而加快发展我国的教育事业。这要求教育管理目标的确立既要围绕国家和社会对教育发展的基本要求，又要体现在管理理论上的科学性、管理理念上的时代性、管理实践上的高效性、管理内容上的切实性、管理过程上的目的性。

（2）教育管理目标的确立

如果缺少管理科学的思维方式，就不能使其目标合情合理、切实可行，就难以达到实行目标管理的目的。

如果缺少时代特征，就不能使其目标符合教育改革与发展的要求，就有违教育管理的初衷。

如果不能使其操作简便、明了、易行，就不易被管理的主客体双方接受，就难以达到事半功倍的效果。

如果其内容要求不切实际，不考虑各地、各层次、各类型的具体情况，就难以真正为教育的改革与发展服务。

如果对各阶段的要求不明确，就会形成操作中的盲目性，并且难以在实践中加以修正，就不可能达到最后目标的要求。

（3）以教育发展为依据

教育的改革和发展旨在更快更好地实现教育的目的，这一目的集中反映在国家和社会对人才的需求上。只有以教育发展为依据，才能体现管理目标的确立为培养社会主义建设要求的人才服务。

3. 教育管理目标确立的管理对象依据

教育管理对象包括人、财、物等多种类型，通常称之为管理工作的目的物。在人、财、物各类管理对象中，人是最为关键的，因为财和物的管理最终均是由人来实现的，从这层意义上来说，教育管理的对象主要是人。因为人们的能力、品质和水平各不相同，所以教育管理的具体目标也会因人而异。如果不考虑教育管理对象的特定情况和级别，而将目标设定的过高或过低，就会对教育管理的效果产生影响。

人作为教育管理对象具有双重性，既是管理者，又是被管理者。较之于高层管理者而言，中层管理者则是被管理者；较之于中层管理者而言，基层管理者则是被管理者；而基层管理者又是具体事物的管理者。不可否认，在当前教育管理对象不同层次的人员中，其整体素质，无论从思想观念、文化水平，还是业务能力，与以前相比都有提高。但是，随着教育的不断发展、学校结构布局的调整和管理体制改革的深入，部分人的育人观念、时代观念、敬业观念、服务观念等适应不了形势发展的要求，心理承受能力不足，主人翁意识不强。

如果对上述情况不做深入的了解和具体的分析，那么就难以制定出切合实际的具体目标。另外，由于各地区发展的不平衡造成的教育发展的不平衡，显示出教育管理的差异性。如果在设定目标时忽略了各地的管理水平和要求的差异，并采用笼统的管理方法，那么目标就可能变得空洞，操作过程也会不切实际，导致确立的目标浮于表面。

（四）教育管理的目标模式

教育管理的目标模式包括管理目标确立的理性模式、渐进模式和综合模式。

1. 管理目标确立的理性模式

理性模式主要的要求是切实，即目标的制定者根据完备的综合信息，客观地分析判断，针对许多备选的目标方案进行论证评估，排定优劣顺序，估计育人的成本效益，预测可能产生的影响，经比较之后选择最佳方案。这种模式是以理性的行为作为选择基准的。理性的行为是扩大目标成就的行为，是根据客观资料确立目标手段的行为。

理性模式的最终目的是希望能够设计出一套程序，使管理者利用此程序，能够确立一个有最大“净价值成效”的合理目标，即希望能花最小的代价，获取最大的成果。而具有最大“净价值成效”的目标，就是一项理性的目标。“净价值成效”是指目标所要求的效果大于其付出的价值。在这个意义上，理性和效率意义相同。效率是价值输入和价值输出的比例。一个理性的目标就是效率最大的目标。理性模式是人们在追求理性目标努力下创造的，是对理性目标制定过程的一种概括和抽象。

理性模式要求应满足的条件包括，知道所有的教育要求及其重要性，知道可能的多种目标方案，知道各种目标方案可能产生的结果，能估计目标方案所能实现的与不能实现的教育要求的比值，能选择最佳的目标方案。

这个模式中的理性是指人们不仅要能知晓、权衡整个教育要求的实现程度，而且还要有关于目标方案的详尽资料、正确预测各种目标方案后果的能力，以及能准确把握管理成本与育人要求的操作程序。

理性模式可以促进教育管理目标确立的合理性，使内容切实、要求适中、操作可行。然而，由于管理者的能力和掌握的知识有限，其目标的确立不可能完全满足理性化的要求，从而需要通过渐进的方式加以修正。

2.管理目标确立的渐进模式

渐进模式主要的要求是调适（或修正），即运用“边际调适科学”的方法，以现行的目标为基础，通过时段的实践，再与其他方案相比较，然后决定哪些内容需加修改，以及应该增加哪些新的内容。

（1）渐进模式的内涵

①管理者不必企图建立与评估所有的目标方案，只需着重于那些与现行目标有渐进性差异者即可。

②管理者只需考虑有限的目标方案，而非所有备选方案。

③管理者对每个方案只需论证几个可能产生的重要结果。

④管理者面临的问题一直在被重新界定，注意“要求—手段”与“手段—结果”的调适，使其过程的问题较易处理。

⑤教育管理的问题尚缺乏最好的解决方案，需要在目标实行过程中发现问题和逐渐解决问题。

与理性模式相比较，渐进模式较接近实际的管理情况，模式的构架较为精致完美。就管理者的个性特征而言，渐进模式也比较可行。渐进模式受到对现行目标成效的满意程度、问题性质改变的程度、现有可选方法中新方法的数量等条件的限制。如果现行目标的成效不能令人满意，则渐进模式就无法适用。因此，现行目标仍有成效是采用渐进模式的基础。如果问题的性质发生变化，那么渐进模式也无法适用。现有方法中，新方法数量越多，渐进模式能被采用的可能性就越小。

（2）渐进模式的应用

渐进模式的应用须具备下列条件：

①现有目标的成效大体上能满足教育管理主客体双方的需要，从而使边际调适在目标效果上能充分显示其新收获。

②管理者所面对的问题在本质上必须是一致的，换言之，不同管理者对问题的看法基本是一致的。

③管理者有效处理问题的方法须具有高度的共同性。

以上条件，对渐进模式的效度（应用价值）具有决定性的影响。在教育改革和发展的形势下，新问题层出不穷，其管理上的渐进改变已难以适应实际需要，渐进模式的缺点也就开始凸显。

3. 管理目标确立的综合模式

综合模式是为了发扬理性模式和渐进模式之长、避二者之短，而构造的一种控制模式。这种模式的主要要求是追求最优化。

广义上讲，凡是将两种或两种以上的模式混合使用、有机结合的模式都可以称为综合模式。但是，在当代教育目标的确立过程中，几乎所有的综合模式都包含理性成分。因此，广义上的综合模式都是理性与其他模式的结合。鉴于综合模式的多样性，在这里仅列举规范最佳模式和综合模式两种。

（1）规范最佳模式

规范最佳模式吸收了理性模式的主要优点，此外，还把艺术的方法和规范科学的手段结合起来，如利用专家直觉、经验判断设计新的方案，进行各种可行性研究。在具体分析中，该模式还借用各种定性方法弥补诸多因素难以量化的不足。规范最佳模式主要有以下步骤：

①认清某些价值、目的和目标要求。

②探讨实现目的的目标方案，特别是创造新的方案。

③通过论证有限的备选方案的预期效果，并按优劣排序，获得事半功倍的发展方案或革新方案。

管理者依据渐进模式检查现行目标及其执行情况，然后再利用各种目标分析的方法，与新目标进行比较并预测新方案的可能后果及期望值。规范最佳模式还把调适目标确立的质量、调适目标确立系统本身、提高目标确立参与者的个人素质、建立必要的机制、进行必要的培训等认为是模式考虑的内容，将其包括到模式中来。

通过检验并论证现有目标，规范最佳模式综合了渐进模式的优点和理性模式的实用方法，从而确保了方案的相对最优。规范性的含义在于有一套目标确立的程序，还表现在它有系统的思考，即把一般意义上的控制与目标确立系统的改进联系在一起。这样规范最佳模式就包含了渐进模式和理性模式中的合理成分，成为更富有实用价值的模式之一。

（2）综合模式

综合模式一方面应用理性模式，宏观审视一般的目标要素，分清主次，选取重点；另一方面，应用渐进模式探讨经过选择的重点，避免寻找所有可行的备选方案，也避免了对与目标无关的次要细节和次要方案的全面分析，不致耽于细枝末节，而忽视基本的目标要素。这就克服了理性模式和渐进模式的不足。

综合模式在选定方案的审视方面注重使用理性模式创造新方案，克服渐进模式的保守倾向；同时对重点问题、规格要求及主要的备选方案，则注意用渐进模式方法考察，注意与已有的目标进行比较，以拟定、优化切合实际的具体方案，克服理性方法的不现实性。

①与规范最佳模式一样，综合模式也提供了一个搜集、分析、利用有限资料的特定程序和资源分配的策略标准。

②与理性模式相比，综合模式缩减了考察范围，节约了大量的时间、精力和资源。

③与渐进模式相比，综合模式借助理性模式客观的方法对各种主要备选方案进行精细的调适，从而提高了方案的可靠性，又给创新方案提供了机会。因此，综合模式更具体可行。

二、教育管理原则

（一）教育管理原则确立的依据

原则是人们对客观规律的认识和反映，是指导人们观察和处理问题的准则。由于规律具有不以人的意志为转移的客观性，因此，作为客观规律反映的原则也应该具有一定的客观性。任何管理活动总是自觉或不自觉地遵循着某种原则，这就是管理原则。为了使管理活动有效，管理原则必须符合客观规律，并且不断地随着社会的变化而发展。

教育管理原则是人们从事教育管理时应遵循的活动准则和基本要求。它是从教育管理的实践活动中总结提炼出来的，反映了教育管理活动的规律和特点。确立教育管理原则既要借鉴现代管理的一般理论，又要充分考虑教育管理的特殊背景；既要追求理论上的相对完备，又要强调对实际工作的指导意义；还要分析各个原则是否涵盖，以及在多大程度上涵盖整个教育管理领域，从而给教育管理原则以科学、客观、合乎逻辑的定位。因此可以从以下几个方面分析教育管理原则确立的依据。

第一，既要遵循一般管理活动的客观规律，又要遵循教育的客观规律。管理存在自身的规律，管理活动必须遵循这些规律。一般管理活动的规律就是管理各基本要素之间内在的本质的逻辑关系。现代行政管理学的理论和方法就是对行政管理活动一般规律的认识和反映。

行政管理思想经历了工业管理、人际关系、结构主义等发展阶段。教育管理在不同场合、不同程度上借鉴了行政管理思想。例如，人际关系理论注意到员工的积极参与、满意、合作以及士气与团体的凝聚力有可能使生产效率得到提高。这种思想也影响到教育管理人员寻找方法提高教师和学生的积极性和主动性，以期最大限度地发挥他们的创造力。

虽然一般的管理理论与方法对教育管理原则的确立有一定的借鉴意义，但管理活动不能脱离事物本身的发展规律，教育管理必须遵循教育的客观规律。教育管理按照教育规律的要求，调节和协调教育活动中的各种关系，以保证教育目标的实现。因此，认识和掌握教育的客观规律是确立教育管理原则的客观依据。

教育的一般规律包括两个方面：一是教育与社会协调发展的规律，二是教育与受教育者身心全面发展相适应的规律。教育管理原则必须以这两个规律为前提，才能避免与实际教育管理活动之间的对立和冲突，从而提高管理效益。与一般的管理活动相比，教育管理活动存在一些特殊规律，它们构成了这门学科专门的研究领域。例如，经济效益与社会效益的关系、人才培养与科学研究的关系、学术管理与行政管理的关系等。教育管理原则的确立与人们对这些特殊规律的认同密切相关。如果把国外管理著作中的理论或其他领域的理论直接套用到我国教育管理实践中，就会脱离教育的特点和规律，不可能提出正确的教育管理的基本原则。

第二，教育管理活动的特殊性。教师既是管理对象又是管理者，他们面对的是有意识的学生。学生既在一定程度上被教师塑造，又参与自身塑造，从这个意义上说，学生也是管理者。因此，教育管理中要充分调动教师和学生的积极性和主动性，并为他们创造有利于独立思考、自由发挥的条件和环境。同时，由于教师和学生都以脑力劳动为主，教育管理过程以知识为中介，有大量的学术问题，因此要注意行政管理与学术管理的统一。这也是教育管理的特殊性。

第三，教育管理原则的系统性。教育管理原则不应是随机的、零散的，而应构成一个系统，具有整体性、目的性和关联性。教育管理原则体系的整体性在于各个原则围绕怎样提高教育管理效率这一目标结合为一体，没有一条原则能脱离原则体系整体而存在。只有存在于原则体系中，每一条原则才有它的功能。而且，原则体系的功能以整体功能而论，而不以某一条原则的功能而论，原则体系的整体功能不等同于各条原则功能的简单相加。各条原则只有在原则体系整体功能目标即提高教育管理效率的指导下，以合理的方式相互联系在一起并充分发挥各自功能，才能保证原则体系整体功能的实现。教育管理原则体系的目的性在于利用原则指导具体的教育管理实践活动，使管理活动更符合客观规律，从而提高教育管理效率。教育管理原则体系的关联性是指涉及教育管理过程的各条原则应该相互依存、相互补充、相互制约。

（二）教育管理的基本原则

教育管理的基本原则应该是根据一般管理学的原理提出的，同时又特别适用于教育管理领域。它们必须全面、准确地反映教育管理活动的特点、本质与规律；它们在理论上是完备的，在实际工作中又是切实可行的，能覆盖整个教育管理活动领域，普遍有效地指导教育管理实践活动。根据前面对教育管理原则确立的依据分析，教育管理基本原则体系应该包括以下几个方面。

1. 教育管理的方向性原则

管理是一种有目的的活动，管理工作必然有方向。方向正确与否决定着管理成效的大小。管理都是为了实现特定的目标。在管理活动中，应以管理目标为前提，其反映了管理的方向。教育这项社会活动旨在培养人，它必须与社会的政治、经济情况相匹配。教育目标的核心在于培养何种人才，教育管理的方向必须围绕这一点展开。

当前背景下党和国家的教育方针是，教育必须为社会主义现代化建设服务、为人民服务；必须与生产劳动和社会实践相结合，培养德智体美劳全面发展的社会主义建设者和接班人。我国的教育方针明确了我国教育的政治方向和服务方向，并明确了教育目标及其实现途径。

（1）要坚持社会主义的政治方向

社会主义的教育管理必须坚持社会主义的政治方向。教育是具有阶级性的，任何一种社会制度都要以它的意识形态教育和影响学生。教育管理必然受一定的生产关系和国家的政治经济制度的制约，有鲜明的阶级性。

我国是社会主义国家，教育要培养学生的社会主义意识和价值观，以塑造建设社会主义社会的、有坚定政治方向的人才。我们必须认识到，我国的教育是具有社会主义特征的，要服务于社会主义事业，否则就难以找到正确的办学方向。

坚持社会主义的政治方向要有现实针对性。随着信息技术的发展，资本主义发达国家凭借技术优势，作为主要的信息输出国，其音乐、电影、电视与软件几乎遍及全球。它们基本上影响着全世界的审美观、日常生活和思想。因此，我们要注意西方意识形态的渗透，注意国外敌对势力利用各种机会对我国施行“西化”“分化”的阴谋，坚持教育管理的社会主义政治方向。

（2）要坚持为社会主义经济建设服务

1985 年，《中共中央关于教育体制改革的决定》指出，“教育必须为社会主义建设服务”。这里的“服务”是综合性的，能够支持社会主义政治、经济和文化建设。

政治倾向源于教育的社会性质，服务方向源于教育的工作任务和目标。服务的社会主义性质取决于其政治方向，其方向蕴含了坚持社会主义政治方向的实际内容。因此，单纯将教育的定位限制在政治上，而忽视其他方面，不利于教育的高效发展。社会主义教育旨在为推进社会主义现代化建设服务。

2. 教育管理的高效性原则

所有管理活动的基本目标都在于促进组织系统的效率和收益提升。管理目标与管理效率和效益的关系密切相关。只有目标准确才能提高效率、增加效益；管理的成果取决于资源利用的有效程度，以实现预期的管理目标为准。

教育管理本质的直接展示和具体化，即教育管理的高效性原则。其为了培养更多优秀的高级专业人才并推出优质的研究成果，要求投入充足的教育资源。换句话说，要在合理的教育资源投入的前提下，尽可能地培养优秀的人才和取得研究成果。

教育不仅可以提高生产力水平，而且是维持政治稳定、建立文明社会、保障社会可持续发展的必需条件。这些主要体现在加强劳动者素质、培养高质量人才方面。此外，教育对促进科技和文化发展也至关重要。

教育需要大量投入，但教育资源有限，需要依靠社会提供。这种提供受制于社会经济、政治、管理和教育观念等因素。在进行教育管理时，需要平衡经济效益和精神效益、社会效益。具体来说，要控制成本，提高效率，要以政治方向为导向，综合考虑教育的质量。

3. 教育管理的整体性原则

教育管理整体性原则既取决于教育系统的整体性，又受制于教育目的。在教育管理中整体性原则表现为，以培养人才为核心，科学地协调各项工作，考虑社会环境因素对教育的影响。

教育的主要任务是培养人才。培养人才除了要有效组织教学工作，还需要思想教育、师资培养、科学研究和后勤管理等工作的配合。除了培养人才的职能以外，高等学校还有开展科学研究的职能和直接为社会服务的职能。教育管理的目标和内容不是单一的教育、教学活动的管理，而是包括教育、科学研究和直接为社会服务等活动的综合管理。培养人才、开展科学研究和为社会服务都与社会系统紧密相关，都必须与社会经济、政治、科学文化相适应，因此，必须把教育管理放在整个社会环境中考虑。

（1）教育管理要以培养人才为中心

各方面活动的开展都要服从培养人才这个首要任务。

就政府对教育的宏观管理来说，要做好培养人才的决策和宏观控制，包括人才培养的预测规划、总体规模、发展速度、结构布局等，以及通过组织、计划、协调、立法、拨款、检查评估等手段，保证培养人才的数量和质量。

就高等学校的管理来说，各部门的工作都要面向学生，教学和思想教育工作要遵循人的成长规律，科研、生产工作要与教学工作结合，后勤工作要为教学和科研服务，而不能各自为政、各行其是。

（2）要处理好教学和科研的关系，使两者相互结合、相互促进

教学是学校培养人才的主要方式和基本途径。但是，不能把教学仅理解为课堂讲授。教学既包括通过课堂讲授使学生学到间接知识，也包括指导学生获得直接知识和掌握学习方法。因此，教学是传授学生知识、发展学生智力、培养学生能力和培育学生形成良好思想品德的综合过程。

高等教育中，科学研究被视为重要的人才培养方式。将科学研究融入课程是一项重要工作，这能够为学生提供一个全面智力发展的环境和条件。

学生通过参与科学研究能够有目的地、主动地学习完成研究任务所需要的理论知识；积极参与实践活动，在实践中发展各方面的能力，培养创新精神；还能培养严谨的治学态度、踏实的工作作风和团结合作的精神；能更好地促进师生之间教与学两方面的信息交流，使教师对学生了解得更深入、更具体，更好地发挥学生的特长和主动性。

开展科学研究还能够提高等学校教师的学术水平，充实和更新教学内容，改进教学方法，使教学质量不断提高。因此，不应该把科学研究和教学区分开来，而应该使两者互相结合、互相促进。高等学校所传授的知识是前人经验的体系化总结。通过不断地研究和总结，科学不断地发现和揭示更多的客观世界的规律。因此，从人们的认识活动来讲，只有开展科学研究，把生产实践和科学实验的成果总结成各种理论体系，使人们不断地获得新的知识和能力，才有可能进行各门学科和专业的教学。

从这个意义来讲，科学研究是“源”，教学是“流”，科学研究总是走在教学的前面。在教学中给学生讲授的理论知识并不需要也不应该要求所有教师都通过自己的研究实践进行总结和积累。但是，现代科学技术的发展日新月异，高等学校的教师如果都不通过开展科学研究来及时了解和掌握本门学科和相关学科的最新动态和发展趋向，而仅停留于传授现成的书本知识，那就不可能提高教育教学质量，培养出适应现代科学技术迅速发展和现代化建设需要的合格人才。

（3）发展科学技术文化

随着现代科学技术日新月异的发展，高新技术产业在整个经济中的比重不断提高，科技在经济发展中的作用越来越大。21 世纪是高新技术迅速发展的新时代，我国改革开放和现代化建设进入承前启后、继往开来的关键时期，国家的经济建设和社会发展比以往任何时候都要更加倚重于科技进步。在这种形势下，学校的科学研究工作更应大大加强。

（4）直接为社会服务也是现代学校的一项重要社会职能

学校的培养人才、开展科学研究、为社会服务这三项职能是互相联系、相辅相成的。开展各种形式的社会服务有利于学生加强与社会的联系，增进对社会需求的了解，增强主动适应经济发展和社会发展需要的能力；有利于学校的教学更好地“理论联系实际”，锻炼学生解决实际问题的能力，提高教学质量；有利于进一步发挥学校的潜力，充分调动教师职工的积极性和主动性；通过有偿服务，可以为学校筹集一部分资金，以弥补办学经费之不足，用以改善办学条件和师生员工的生活条件。

但是，学校必须以培养人才为中心。衡量学校工作的根本标准是培养人才的质量和数量，绝不能只看经济收益的多少，而不顾教学质量和学术水平。

因此，学校一定要处理好培养人才与直接为社会服务的关系，必须统筹兼顾，加强管理，对收益进行合理分配，有利于调动各方面的积极性，特别是在教学一线工作的教师的积极性。

4. 教育管理的民主性原则

教育与社会发展相适应的规律决定了教育是开放的系统。教育发展的历史已经证明，追求科学与发扬民主是教育的重大使命。追求科学可保证高等学校教学、科研的生命活力；发扬民主则是追求科学的保障。

民主性原则是由教育管理封闭性和开放性相统一的规律所决定的。要办好既封闭又开放的学校，就要发扬民主，调动师生员工的积极性和创造性。

在教育管理中，民主性原则体现在学校应该让职工和师生参与管理，吸纳社会力量参与教育管理。教育领域汇聚了大量杰出的人才，学术思想也极为活跃，因此在进行教育管理时，必须保护学术自由。学校需要发扬民主以保障思想自由。因此，在教育领域采用民主管理极其重要。

在学校中，教师和学生兼具管理主体和管理对象双重角色。教师和学生都在从事精神生产的工作，需要运用自主思维和探索能力来达成目标。要想实现管理目标，就必须激发教师内在的积极性和自发性，激发他们的内在动力。教师负责落实学校的培养目标、教学计划和教学大纲。教学改革需要教师自发地研究和实践。此外，教育管理还需激发学生的自主性，让他们自主地探索知识。

积极鼓励教师和学生参与管理，能够增强凝聚力，加深他们对领导管理者的理解和信任，能够及时改进管理措施，提高工作效率。因此，要实现学校的有效管理，教师必须积极参与。在作出跟学生的学习与生活相关的决策时，也需要听取学生的想法。

有效管理一所学校需要很多知识。以高等学校为例，其工作的复杂性表现在教学、科研、生产、思想教育、后勤及内外部关系等多方面，有大量相关人员，体系复杂。

若要让学校运营良好，应该激发并调动教师和工作人员的积极性，运用集体智慧。在作出涉及教学、科研和学科建设等重要决策时，应高度重视教师特别是教授的建议。教授掌握着专业领域的知识，听取他们的意见能够提高决策的准确性。教授作为学术领域的权威，拥有巨大的影响力，他们参与决策会赢得师生员工的信任和支持，有助于决策实施。教授的言行也会悄悄地影响着学生，教授参与学校民主管理，可以培养学生的社会责任感。

在进行管理时，政府要认识到教育领域学术性强、专业学科门类繁多等特点，要尊重专家学者的意见。因此，应确保高等学校的学术自由和必要的自主管理权，避免过多的行政干涉。高等学校由于社会对教育的需求多样化而具有多样化的特征。因为学校的地理位置、环境条件和历史渊源不同，政府应当赋予高等学校办学自主权，以便学校发展自己的特色，顺应社会的发展。政府的任务在于宏观调控，为学校提供有利的条件和环境；利用财政、政策和法规的手段，促进学校的积极发展。

民主性原则要求制定决策民主化、执行决策民主化和评定决策执行结果民主化。教育管理中，要将民主精神融入决策工作中。这意味着，要让受管理者民主地参与决策，凝聚集体智慧，制定科学的决策，并将其付诸实践。

管理者需要不断跟进决策执行的情况，以此为基础调整和优化执行方案和方式。民主作风在了解、调整和改进执行情况以及方案、方法方面扮演着重要的角色。管理者应当遵循公正透明的原则，在处理事务时不谋求私人利益，尊重下属，虚心听取他们的意见，及时调整和完善工作方案。

决策执行结果的评定不仅关系到对本决策的制定者和执行者工作的评价，而且关系到下一个决策的制定和执行。评定工作要贯彻民主原则，有利于激发和强化决策者和执行者的工作热情，有利于发挥和发展他们的创造性，最终有利于教育管理效益的提高。

以上原则是教育管理的基本原则，在教育管理中是普遍适用的。它们相互制约、相互促进，共同指导教育管理的全部活动，构成了一个完整的原则体系。

第三节　教育管理的规律与方法

研究教育管理就必须认识和掌握教育管理的客观规律。由于教育管理是一门相对较新的学科，目前还没有科学准确地概括出它的基本规律，但有一些学者对此提出了富有启发性的见解，对教育管理规律作了初步探讨。

一、教育管理的规律

（一）自然属性与社会属性相统一的规律

教育管理的自然属性是指教育管理活动在本质上具有不因社会条件和时代背景而变化的稳定性。教育管理的社会属性是指教育管理活动随社会形态的变化和历史发展过程中特殊个性的形成而呈现不同特征的性质。

1. 教育管理的自然属性

无论是哪个国家，哪个历史时期，只要涉及教育活动，就必然需要进行教育管理，以确保高级专门人才的有效培养。

在各个历史时期，教育管理的共性特征始终存在，不会因为不同国家的政治、经济和文化背景而发生改变，也不会随时间变化而消失。因此，中国传统教育管理的优势得以保留和发展。

曾有一些教育管理思想备受瞩目，影响深远，如科学管理学、民主人际关系学说、行为科学学说、科层组织学说以及开放系统学说。

这些学说贯通古今中外。这些学说的共同点源于教育管理活动发展过程中形成的特征和规则以及人们在教育活动中遵循的一般原则。

教育管理所需的技术和方法并不受政治体制的影响，各国可以相互借鉴并采用最先进的管理技术和手段，例如计算机，进行教育管理。

2. 教育管理的社会属性

教育管理的社会属性有两层：

一层是历史传承性。随着社会与自然环境的变化，人类在创造历史的过程中形成的各个地区的文化对教育管理活动产生了深远影响，这体现在教育管理受到特定的社会文化形态和人们的社会心理状态的制约。拥有共同文化根源的国家和地区的教育管理思想和管理哲学之间较为相似，反之，则存在很大的差异。

另一层是政治性。因为教育管理与权力紧密相连，教育体制和教育政策是社会制度和政策的一部分，服务于一定的政治。只有在特定的社会历史环境条件和社会关系中，相应的教育管理才能实施，生产关系、生产劳动的组合要素和方式不同会使管理的社会性质不同。

教育体系和管理政策支持和巩固特定的生产关系，实现教育目标。人性化管理理念就是这种特性的表现。教育管理兼具自然属性和社会属性，两者辩证统一于规划、组织、领导、协调和控制等方面，根本上统一于教育管理的效果中。

（二）封闭性与开放性相统一的规律

教育管理的封闭性导致教育系统中存在着一些独特的内部矛盾，从而促成了自我运转和正反馈的特点在教育管理实践中的形成。教育管理的开放性是指在考虑到教育管理的独特复杂性的前提下，鼓励教育系统与外部环境进行积极互动、建立相互关系并进行信息交流。在教育行业中，我们经常会面临必然和偶然之间的冲突，这表明了教育管理中相对孤立和参与合作之间的相互作用关系。这些理论都是建立在尊重这一规律的基础上的。

1. 教育管理的封闭性

在进行任何教育管理工作时，都要在相对独立、完整的教育系统内部按照设定的目标优化组合，即在教育系统的“投入—加工—产出”的过程构成一个相对封闭的系统。缺乏封闭性，教育系统就无法确保稳定性，这将导致对教育系统的分析以及教育管理活动无从展开。这种封闭性具有客观性，其目的是更好地进行教育管理。

教育系统难以完全与外界隔绝，因为如果与外界完全隔绝，教育系统会停滞不前。因此，教育系统和管理的封闭性都是相对的。

2. 教育管理的开放性

教育系统既受到外部环境的制约，也对环境产生着影响。因为两者的物质、能量和信息可以自由流动，所以教育管理具有开放性。为实现教育系统的总体目标，提高教育管理效率，同时打造教育系统的物质基础，需要确保教育管理的开放性。

3. 教育管理的封闭性和开放性既相对立，又相统一

教育管理的封闭性和开放性是相对立的。教育管理的封闭性的重点是强调教育管理系统目前的“存在”，但过度将人力、物力、财力放在目前“存在”上，会影响发展，失去取得更大效益的机会。教育管理的开放性则强调教育管理系统的发展上，过分注意教育管理系统效益的最优化，忽视目前“存在”，将导致教育管理系统的“存在”基础产生动摇。

教育管理的封闭性和开放性又是相统一的。教育管理的封闭是相对的封闭，是包含开放的封闭，并在开放的封闭中实现自身的优化和发展。教育管理的开放是在一定“存在”基础上的开放，这种开放只有依存于相对独立的、完整的教育管理系统，才能和社会环境进行物质、能量和信息的交流，从而建立起新的更能适应社会发展需要的教育管理系统。

（三）学术管理与行政管理相统一的规律

在教育管理中处处离不开行政管理，如制定教育的规划，对人、财、物等资源进行分配和调控，对计划的执行进行检查督促，协调教育系统中的各方面使其正常运转等。但在教育管理中，学术管理是很重要的方面，学术水平的高低、学术管理的成功与否，对教育管理的水平及其发展有重大影响。因此，在教育管理中必须坚持学术管理与行政管理的统一。学术管理与行政管理的不同点主要表现在以下三个方面。

一是指导原则不同。学术管理中要坚持学术自由的原则，提倡百家争鸣，这是学术繁荣的基本条件。学术上的分歧要通过开展充分自由的讨论取得共识，不能由某个权威人物说了算，也不能盲目采取少数服从多数的方法。学术问题只能用学术标准评判，强调科学性，要用科学实验和论证、调查研究、同行专家评估的方法，而不能采用行政管理中行政决断的方法。行政管理为了抓住机遇，强调少数服从多数的原则，适时作出决断。但行政管理的重大决策也要考虑其科学性、合理性，同时更强调要从实际出发，要考虑其可行性，考虑它会产生什么影响和效果。

二是采用方法不同。在学术管理中，要根据不同学科专业的特点采用不同的方法。由于学科、专业、任务的不同，管理所运用的方法也就不同。因此，学术管理不能采用统一的模式，应该采用多样化的管理方式。管理文科和理科的方法不一样，管理专业课和基础课的方法也不相同。行政管理则强调统一，由于它强调从全局出发，发挥教育的整体功能，因此，往往用集中统一的方式，用政策法令、规章制度等统一和协调教育管理的各方面工作。

三是管理程序不同。学术事务的管理依靠教授专家实行民主管理。在西方大学中，学科发展方向的选择、学术规则的制定、学术梯队的配置，甚至包括教学研究人员的选聘等问题的决策管理，都由教授讨论会决定。我国实施“863 计划”，为了减少失误，在决策中也参照西方经验，设立了领域专家组。在我国很多高等学校学术事务管理上的决策，也都吸收教授参与讨论。行政管理是贯彻执行上级指示和领导工作意图的“科层式”管理，强调下级服从上级，从上到下逐级指挥和布置，层层贯彻执行。

虽然在教育管理中，学术管理和行政管理有着不同的特点，但是它们通常是相互关联、相互渗透的，很难完全割裂开来。随着教育的普及，高等教育机构规模不断扩大、结构变得更加复杂，教育管理变得越来越困难，因此政府需要加强行政管理。针对学术和行政管理各自的特点，在教育管理中应采用不同的管理方法，并且致力于优化两者之间的协作；保持行政管理和学术管理一定的分离，以确保它们各自的独立性和有效性。

在教育管理中，在把握管理和服务的关系时，要考虑到对上级领导机构和公众的责任；在进行管理时，要遵循上级的指示，遵守规章制度。推进教育管理事业发展需要师生参与，仅向上级领导负责而忽视群众，可能会脱离实际，削弱教师的积极性，阻碍教育管理工作的进展。

二、教育管理的方法

（一）行政方法

行政方法指利用行政机构的权威发布制度、命令及指令等来管理工作的一种方式。这种方法以权威和服从为前提，直接指导下属的工作。行政方法的核心是利用行政机构的职责和权限进行管理。它注重职责、授权和职务等因素，而非个人才能或待遇。行政管理系统的各级管理者拥有不同的权力，因而产生了行政的权威。上下级之间的权力关系导致上级指挥下级。从属于上级意味着必须顺从其管理权限。

（二）法律方法

法律方法是通过制定法律规范和行为规则来调整系统内外的各种关系，以实现管理的方法。管理中涉及的法律包括国家正式发布的法律法规，以及针对管理工作制定的规章制度和条例。法律方法不仅包括法规的制定和完善，还包括相关的司法和仲裁工作。这两个环节是相互依存的，缺一不可。如果没有司法和仲裁，法规也难以发挥实际效力；法规不完备，司法和仲裁工作就容易混乱。

（三）经济方法

经济方法是应用各种经济手段协调不同的经济利益关系，以提高经济效益和社会效益的方法。经济手段在教育管理中主要指发放奖学金等方式。奖学金是为了激励和表彰优秀学生而设立的精神及物质奖励，其设置具有激励作用。这种激励手段利用外部奖励来促使学生达成目标，并激发他们的高度积极性。它通过赞赏和奖励优秀人才和先进行为，以及宣传优秀经验引导学生群体不断进步、全面成长。学校明确评选奖学金的标准，以此阐明对学生的期望，指引学生的行为方向与努力目标。

（四）教育方法

教育是指按照一定的目的、要求对受教育者从德智体美劳诸方面施加影响的一种有计划的活动。管理中的教育方法主要是指通过深入细致的思想政治教育，激发学生的积极性和主动性，引导学生的思想和行为，以实现学生管理职能的管理方法。教育是管理的基本方法之一。这是因为，管理的中心是人，而人的行为总是受一定的思想支配和制约的，因此，在管理中就要注意做好、做实人们的思想工作，通过影响人们的思想去影响人们的行为，从而促进组织目标的实现。而学生管理作为学生教育和培养工作中的一个重要组成部分，更要注重运用教育的手段，增强学生管理的有效性。

第二章　教育管理理念研究

本章主要介绍了教育管理理念研究，包括全面贯彻教育方针、发展素质教育以及依法治校这几部分内容，了解并遵循正确的教育管理理念有利于教学管理的实施。

第一节　全面贯彻教育方针

一个国家的教育方针规定了教育工作的总体趋势和整体目标。根据 2021 年修订的《中华人民共和国教育法》，教育必须为社会主义现代化建设服务、为人民服务，必须与生产劳动和社会实践相结合，培养德智体美劳全面发展的社会主义建设者和接班人。新时期的教育方针已经确定下来了，每个教育工作者都应该认真学习和理解。历史经验证明，对国家的重大方针政策，如果理解得不全面、不深刻，必然会在实践中出现失误。

一、理解“教育必须为社会主义现代化建设服务、为人民服务”

“社会主义现代化建设”内涵广泛，包括农业、工业、国防、科学技术这四个领域的现代化，还涉及政治、经济、文化、社会生活等多个方面的现代化。教育的宗旨是支撑社会主义现代化的建设，促进社会主义经济的发展以及社会主义文化的繁荣。我们必须意识到加强社会主义经济建设的紧迫性和重要性。教育工作也应该将经济建设放在重要位置。因此，我们需要培养优秀人才以满足经济发展的要求。

教育必须与社会主义精神文明建设相符合。如果只强调社会主义现代化建设中的物质文明而忽视精神文明，人们对社会主义的理解就会变得片面。这会导致人们过于强调物质文明，甚至过于追求个人利益，使社会主义现代化建设失去方向。精神文明建设从整体上影响物质文明建设，包括政治、经济、文化和社会生活等方面。为了促进社会主义精神文明建设，教育应当坚持以马克思列宁主义、毛泽东思想、邓小平理论、“三个代表”重要思想、科学发展观和习近平新时代中国特色社会主义思想为指导。教育通过培养人为社会主义精神文明服务。学校的教育目标是提高学生的综合素质，包括政治素养、思想素养、文化素养以及身体素养。中小学教育在提升整个民族素质方面承担着奠基工程的任务。

“为人民服务”就要坚持以人民为中心发展教育，努力办好人民满意的教育。随着全面普及和基本均衡目标的实现，我国基础教育站到了新的历史起点之上，基础教育面临的主要矛盾也随之发生了重要变化。坚持以人民为中心发展教育，就要满足人民群众对更加公平、更高质量教育的新期待。

二、理解“教育必须与生产劳动和社会实践相结合”

就整体而言，整个教育领域要与国民经济发展的需求相一致。如果学生所学的专业与将来要从事的职业不匹配，那么将违背教育与生产劳动和社会实践相结合的原则。要坚持把教育与生产劳动和社会实践结合起来，至关重要的一点是“学生所学的专业和将来要从事的职业”相适应。此事涉及学校教育和教学、教育阶段、课程内容、教材选用、教师素质和专业安排等多种方面。教育与生产劳动和社会实践相结合的实施需要学校、各级教育行政部门和相关方面共同承担责任，管理教育工作的机构更有责任。

为了满足社会主义建设对合格人才的需求，我们必须认真探究新条件下如何更好地将教育与生产劳动和社会实践相结合。现代经济和技术的迅速发展对教育质量和教学效率以及把教育与生产劳动和社会实践结合起来的教学内容和方法提出了新要求。我们必须借鉴历史经验，不要把教劳结合视为简单的体力劳动，还要使“教育与生产相联系”“教育与生活相联系”“教育与社会相联系”。我们需要更广泛地理解将教育与生产劳动和社会实践相结合的含义。组织师生参与劳动和社会实践时，应该考虑到参与者的个体差异。

我们需要明确教育与生产劳动相结合的具体内容。以下是在学校教育中教育与生产劳动和社会实践相结合的内容。

第一，将脑力与体力相结合。脑体结合实质上等同于手脑协调。陶行知曾撰写了一篇《手脑相长歌》，简明深入地阐述了脑力劳动和体力劳动结合的重要性。“人生两个宝，双手与大脑；用脑不用手，快要被打倒；用手不用脑，饭也吃不饱；手脑都会用，才算是开天辟地的大好佬。”许多学生常常“用脑不用手”，限制了自身知识和能力的发展，因此应该手脑结合。

第二，将理论知识应用于实践。这是中国共产党的一大良好作风。无论是教师、学生，还是理论工作者，都必须与实际接轨。实现理论与实践结合的主要方法就是教育与生产劳动和社会实践相结合。

第三，教学和应用结合。将学到的知识与实际应用相结合。学校应当在教育教学中贯彻“教育与生产劳动和社会实践相结合”的原则，如从学生幼年时期开始培养其良好的劳动习惯，让他们明白品质、责任和规则的价值，同时重视技术和动手的品质。拥有这些品质不仅有利于学生终身成长，而且能促进社会主义建设。

三、理解“培养德智体美劳全面发展的社会主义建设者和接班人”

按我国的教育方针，培养人才需要达到一定标准。关于培养什么人，曾有过许多提法。新确定的教育方针，采用“建设者和接班人”的提法，这是因为我们现在从事的事业是社会主义建设事业。社会主义建设包括物质文明建设和精神文明建设。把培养接班人写入教育方针，要求我们要坚持和保卫中国特色社会主义的阵地。建设者是指所有为社会主义建设服务的人，每个公民都包括其中，不是社会主义建设的旁观者；接班人是政治概念，每个公民都应该是社会主义接班人，坚决走社会主义道路，特别是干部队伍，更应是有担当的接班人。

社会主义的建设者和接班人需要全面发展德智体美劳等方面。这个概念和马克思主义中人的全面发展的含义有些不同。马克思和恩格斯发现社会分工将脑力劳动和体力劳动分离并导致了智力和体力之间的不平衡，因而提倡人的全面发展。马克思和恩格斯认为全面发展的人是指将智力和体力结合的人。这些人熟悉整个生产系统，超越传统分工的限制，具备依社会需求和个人兴趣转换到不同生产岗位的能力。我们强调的全面发展是国家对年轻人在道德、智力、体质、审美、劳动等方面的要求，以培养社会主义建设的人才。当前的教育方针要“培养德智体美劳全面发展的社会主义建设者和接班人”，是我国过去教育方针的继承、延续与更新。

“德智体美劳全面发展”的提法，抓住了青少年身心发展的本质特征。国家用此标准要求学校，教师用此标准要求学生，家长用此标准要求子女，学生也用此标准要求自己。这个标准已深入人心，起了很好的作用，有积极的指导意义。

新时期教育方针的三句话协调而统一。第一句话“教育必须为社会主义现代化建设服务、为人民服务”以新时期的任务重心为要，说明了我国教育的社会主义性质和教育的服务方向；第二句话“必须与生产劳动和社会实践相结合”（广义的）对培养社会主义建设者和接班人的基本方式进行阐明；第三句话明确指明我国各级各类学校共同的培养目标。它适用于所有儿童、青少年及教师；既是对学校人才培养质量的要求，也是提升国民素质的一种方式。这三句话相互依存、相互制约。“教育必须为社会主义现代化建设服务、为人民服务”，需要先“培养德智体美劳全面发展的社会主义建设者和接班人”，“培养德智体美劳全面发展的社会主义建设者和接班人”需要“教育与生产劳动和社会实践相结合”。

第二节　发展素质教育

一、素质教育概述

素质是指事物天生拥有的特质。人类的基本素养构成了素质。人的素质有两种含义：一是指个体天生具有的生理特征，即神经系统、感官器官、运动器官的性质，尤其是大脑的特质。这些由基因决定，因此被称作遗传特征。二是具有专业素养或公民的基本特质。这是由人的成长环境和教育背景所塑造的。总之，人的素质是指先天素质经后天的环境和教育塑造而形成的基本品质。

先天素质对人的基本品质有基础影响，但后天的环境、教育和经历可促进先天素质的发展。后天培养的素质包括个性、性格、决心、毅力、兴趣爱好等。

一些研究者翻阅大量文献考证后，认为提出素质教育这一概念的时间在 20 世纪 80 年代中期。根据研究，中共中央在 1985 年 5 月 27 日公布的《关于教育体制改革的决定》中只是强调了“提高民族素质”，并未提及“素质教育”。1993 年 2 月 13 日，中共中央、国务院印发的《中国教育改革和发展纲要》明确提出了通过提高劳动者的能力和素质，来提高全民整体素质的目标，并未使用“素质教育”一词。在 1994 年 8 月 31 日，《中共中央关于进一步加强和改进学校德育工作的若干意见》提到了“素质教育”的概念：“增强适应时代发展、社会进步，以及建立社会主义市场经济体制的新要求和迫切需要的素质教育。”这很明显适用于德育工作，而不仅是针对应试教育。1993 年 2 月 13 日中共中央、国务院发布的《中国教育改革和发展纲要》，第一次提到“应试教育”，原文是“中小学要由‘应试教育’转向全面提高国民素质的轨道”。可想而知，素质教育作为应试教育的反面出现在该纲要印发以后。

随着素质教育和应试教育的提出，各大教育报刊几乎每天都在批评应试教育，呼吁将其转向素质教育，宣传的效果空前。根据专家的看法，素质教育前期经历了两个历程：第一个历程是准备和积累阶段，它始于1985年，终于1994年；第二个历程从1994年到1998年，是素质教育的提出和起步阶段。

二、对素质教育的种种理解

这次宣传可以视为推动素质教育发展的重要推动力量。我国素质教育总共花费了14年准备期和起步阶段的时间。“起步”一词已经暗示了它所代表的含义，即初级阶段，通常指还未被完整实施或发展，因此还无法取得大量成效。但是，此时的素质教育的实施仍产生了深远的影响。可以表述为，在这种情况下存在着两面性，既有积极作用，又有负面影响。积极的影响是，使“素质”这一词汇更加普及，并提高了人们对于自我素质提升的意识。这种影响所带来的成果非常好，值得称赞。然而，由于这个概念缺乏明确的定义，导致各种不同的定义存在。据统计，人们对素质教育的定义有四五十种，可见，人们对它的理解十分多样化。大致可以归纳为以下几种理解方式：

第一，有一种观点认为学校引入素质教育不仅仅包括增加体育、音乐和美术课程，也不仅仅是唱歌、跳舞、画画，更重要的是加强学生的综合素质和人文素养，同时丰富课外文体活动。有些学校担心素质教育会影响升学率，因此在不影响重点学科学习的情况下，安排双休日为“素质教育日”，其他时间则重点关注“应试教育”。这种做法并没有减轻学生的学习压力，反而给教师和学生带来了更大的负担。

第二，将素质教育与道德思想教育视为相互关联的概念。这种观点不仅被一些中小学校长所持有，也有一些大学校长赞同这种看法。一位大学校长强调，大学应该注重学生的素质教育，而不仅仅是专业教育。这位大学校长的措辞表明他对素质教育和专业教育持有不同的观点。

第三，就提升学生综合素养而言，存在多种观点和看法，这些涵盖了不同的方面。有人主张提升学生的自然和社会知识水平，还有人认为应提升学生的人文和艺术涵养，另有人建议注重加强学生的思辨能力和道德素养以及对文化科学的认识，还有一些人则特别重视提高学生的心理素质。不同的人有不同的看法，不同情况需要采取不同的具体方案。

第四，许多人认为，在推行素质教育的过程中，课堂教学是最主要的途径。

有人强调，课堂是实施素质教育的主要场所。毫无疑问，课堂教学是至关重要的。在素质教育概念还未被提出之前，大家就已经达成了一致的看法。然而，素质教育的主要目标在于提升学生的整体素养水平，而非仅限于掌握某些特定的技能或知识。在实施素质教育过程中，是否存在主要的实施渠道？仅仅依靠课堂教学能否达到提升学生综合素质、促进学生全面发展的目标？这激起了围绕不同观念展开的辩论和讨论。

第五，有一些人认为，“应试教育”的源头在于考试。为了推广素质教育，应该减少考试对学生的影响，甚至可以考虑停止使用考试作为评价标准。这种“一刀切”的观念是片面的，因此，教育行政机构必须发表声明，强调考试的重要性和必要性。我们应该集中精力改进考试的内容和方式，而非撤销考试。这重新回到了素质教育未引入之前的状况。

第六，采用百分制评分方式会让学生过于关注成绩，而忽略其他方面的成长，这可能会妨碍他们全面发展。因此，有些建议是采用等级评定体系来进行评分。有些学校察觉到这种趋势后，开始转向采用等级制，认为这是推动素质教育的一项重要举措。

第七，就素质教育和全面发展教育的关系而言，存在着多种不同的看法。但事实上，这两者都是教育的重点。有些人对于教育的理解并不深刻，他们可能会过分推崇素质教育，而忽视了全面发展教育所能带来的实际价值。

三、全面推进素质教育的基本内容与途径

（一）全面推进素质教育的基本内容

“全面推进素质教育”的“全面”应包括以下内涵：

一是要贯彻幼儿教育、中小学教育、职业教育、成人教育、高等教育等各级各类教育，加强素质教育的推行，确保素质教育的全面覆盖。

二是要贯穿于校园教育、家庭教育和社会教育等各个方面。

三是需要将德育、智育、体育、美育、劳动技术教育和社会实践等方面有机地融入教育活动的各个环节中。

素质教育的实施旨在提升整个民族的素质水平。学校推行素质教育的目的在于提升学生的素养水平。素质教育涵盖了很多方面的内容，具体包括这几个方面：注重学生的全面发展，注重道德教育和公民意识的培养，注重学生的思维能力和创新能力的培养，注重学生日常行为习惯的养成，注重对历史文化和艺术的传承

和学习，注重社会实践和劳动教育等。为了提升学生的素质，需要有一个一致的定义或解释，要在道德思想、文化科学素养、劳动技能和身心健康水平等方面，全面提高学生的能力水平。换句话说，需要加强学生在五个方面的基本能力。

学校旨在实现全面素质教育的目标，这意味着要在德、智、体、美、劳和社会实践等方面进行综合培养，并且确保这些方面之间协调一致，以促进学生在各个方面的全面发展和健康成长。

1. 加强和改进德育工作

德育即道德教育，作为教育领域的一部分，涵盖了思想政治和品德教育方面的内容。中小学应当非常关注道德教育，按照不同年龄段孩子的成长规律和道德教育的整体目标，确定相应的教育内容和标准，逐步提高学生的思想素质和行为准则。这种方法可以建立一个逐渐深入的目标体系，有效提升学生的素养并培养他们良好的行为准则。德育的内容包括理想信念教育、社会主义核心价值观教育、中华优秀传统文化教育、生态文明教育、心理健康教育。我们必须探索新的教育方法，通过将德育内容渗透到所有学科和教学活动中，让德育与学生的日常生活和社会实践密不可分。我们在进行德育工作时，既要达成实际成果，又要避免陷入形式化的做法，这一点非常关键。

2. 重视智育工作

智育强调培养个人智力及思维能力。智力常常表现为观察、记忆、想象、思维和判断等多方面的能力。文化和科学知识是智力的基石。缺乏文化和科学知识会阻碍学生实现个人的发展。如果我们希望学生的智力得到培养和发展，那么提高教学质量是必不可少的。要想实现这个目标，需要对教学内容进行改革，并改善教学方式；需要落实启发式和探究式教学，以促进学生自主思考和创造性思维。为了培养学生的科学素养和创新思维模式，我们需要让他们通过实践的方式亲身体验知识。

我们需要对智力的意义进行更加广泛深入的了解，其中包括这几个方面：获取和处理信息的能力、快速学习新知识的能力、解决各种问题的能力、言语表达的准确性、团队协作的能力以及愿意积极参与社会活动的态度等。这些智力方面的能力都是非常重要的。在现今信息技术日新月异的环境下，这些能力变得极为关键，我们需要特别重视对它们的培养。

3. 加强和改进体育卫生工作

中华民族的生命力源远流长，因此，为了让青少年能够成为合格的接班人，他们需要拥有健康的身体素质。这是不可或缺的条件。学生通过参与体育活动可以提高身体素质，而卫生保健的目的在于维护学生的健康，包括预防和治疗疾病。只有把体育和卫生有机地结合在一起，才能相互弥补并促进学生健康成长。通过强化体育课程的教育，帮助学生掌握基本运动技能，养成长期坚持锻炼健身的良好习惯。如果我们要确保学生可以充分参与体育课程和课外体育活动，那么必须确保他们拥有足够的体育场地和时间，这是不可或缺的。学校需要组织各种不同类型的团体体育活动，以培养学生的竞争意识、合作意识和坚韧精神。

学校卫生工作是至关重要的，不容忽视，应培养学生良好的卫生实践和科学营养知识，以提高他们的健康意识。

4. 发挥美育在学校教育中的作用

美育是指通过教育手段，培养人们对于美的认知和欣赏能力，从而提高他们的审美水平和美感素养。中小学的美育职责在于教育学生形成准确的审美观念，提高他们的审美素养，以及培养他们在美学创新和表现方面的才华。认识美术教育不只是鼓励人的情感修养和提高素养，还能够促进智力开发，是学生一项必不可少的全面成长环节。在美育的领域中，美术和音乐被认为是关键的课程。因此，学校应该加强对这两门课程的教学，设计各种文化艺术活动，以提高学生的审美体验，促进学生欣赏和创造美的能力。

5. 重视劳动教育

“教育与生产劳动和社会实践相结合”，不仅是培养人才的一种有效途径，也是我国教育政策的重要组成部分。这句话需要被充分理解，以确保其准确性和完整性。一般认为，它只是要求学校组织师生参与生产劳动，这并不足以深刻理解“教育与生产劳动和社会实践相结合”的方针。劳动教育的目的在于让学生积极参与劳动、与大自然紧密互动、深刻领悟社会的本质，以培养他们珍爱劳动的品格、锤炼他们的意志。我们需要更全面地理解教育和劳动之间的关系，不应该仅仅限定于参加体力劳动，应将教育与工作相融合，鼓励学生积极参与各种类型的课外和社区实践，以便提高他们的实用技能。

要全面推进素质教育，需要在学生的德育、智育、体育、美育和劳动教育等五个方面全面提升。

（二）全面推进素质教育的基本途径

在某些人的看法中，课堂教学是实施素质教育的唯一途径。这种表述是不准确的、片面的，可能会导致人们产生错误的理解。

毫无疑问，课堂教学是学科教学活动的核心。良好的课堂教学不仅可以提高学生的思想道德素质和文化科学素养，而且具有至关重要的作用。因此，必须尽最大努力提高课堂教学质量。但是素质教育的目标是提高学生的整体素质，而不仅仅是其文化和科学素质。因此，说“课堂教学是实施素质教育的唯一途径”不准确。为了提高学生的全面素质，需要从多个方面入手，包括思想道德、文化科学、劳动技能、身体和心理素质。实现这个目标需要采用多样化的方法和途径，不能仅仅依靠课堂教学。为了达成素质教育的目标，必须执行一系列关键措施，包括提高教师的教学水平，改善他们的教学方法，并同时在课程体系、课程内容、考试制度和考试方式等方面进行改革。如果我们只强调课堂上的素质教育，而不注重课外活动和社会实践，就有可能忽视除了文化科学素质之外的其他素质。这种现象可能会加重中小学教育所面临的困境。

目前，对于基础教育阶段的学生在课堂学习的时间有多种观点。有人认为，学生在课堂内学习的时间不足，可能会对教学效果带来负面影响，因此有必要延长课堂学习时间，以充分利用学生的学习时间。事实并非如此。例如，苏联教育家苏霍姆林斯基曾任职校长的中学致力于全面发展学生。该校下午会提供各种多样化的课外活动，供学生选择参与。午后不进行高度集中的学习，对大脑的发展有至关重要的影响，这是苏霍姆林斯基的观点。他认为，这不仅可以提升学生健康水平，同时也能促进学生心灵成长，为学生多方面发展奠定基础。他还提到，下午休息并不是为了使学生完全避免智力活动，而是为了给他们提供一个机会，让他们度过充实、多姿多彩、有意义的精神生活。只有当孩子每天拥有五到七个小时的自由时间，并可以自主决定如何利用这段时间时，他们才能够全面发展。如果我们没有把谈论全面发展，培养素质、爱好和天赋才能与实际情况联系起来，那么这些想法就只是毫无意义的、空洞的概念罢了。据苏霍姆林斯基所述，户外场所是开展课外活动的主要场所。在该校，学生可以根据自己的兴趣和意愿自由选择是否要参加课外小组活动，这些活动的范围十分广泛，包括但不限于游戏、旅游、徒步、文学阅读等。通常来说，各种形式的课外活动可以提高学生竞争意识、培养他们的责任感和发掘他们的领导潜力等。

在实施素质教育方面，应该采用多种手段，同时协调各方面的力量。主要途径包括课内、课外、校园内和校园外。学校应采用多种方式来实践素质教育，而政府则应扮演引领的角色，社会各界也应给予支持。在执行过程中，各个渠道具有同等的重要性。要真正达成素质教育目标，我们必须对学生的各项素质进行全面综合评价，而不能只针对特定方面评价。

（三）全面推进素质教育应树立的几个基本观点

1. 素质教育实质上就是全面发展教育

这是我们必须坚信的最基本信念。当素质教育还处于酝酿和起步的阶段时，人们并没有达成一致的观点来定义它，这就导致了对素质教育本质的理解变得模糊。要贯彻教育方针，就需要推行素质教育。当前的教育思想重点在于促进学生的全面成长，这一目标已在《中华人民共和国教育法》中明确规定，并具有法律约束力。我们需要深入领会素质教育的精髓，同时认识到全面发展的重要性。

2. 实施素质教育要着眼于提高学生的全面素质

这个观点也是至关重要的，我们需要正确认识它。为了提高学生的综合素质，我们需要从多个层面入手，包括培养学生的思想品德、文化常识、科学素养、职业技能、体育健康和心理健康等方面的素质。我们需要全方位、多角度地提升学生的素养，不能只关注某一方面的提高。一些人认为，将“应试教育”向“素质教育”转型能够更好地发掘和发挥学生的个性优势和潜力，应以培养学生的特长为目标开展素质教育。尽管发掘学生的独特才能十分重要，但是这一点必须建立在学生整体素质得到全面提升的基础上。

3. 实施素质教育，必须减轻学生的负担

学生所承受的学业压力繁重，主要体现在过重的作业压力和校外培训负担等方面。这将对学生的全面发展、身心健康和学习动力造成极大的负面影响。

中小学生放学后需要完成大量的家庭作业，同时还需要参加各种各样的培训和辅导活动。每年都有一些承受过重压力的学生，可能会遇到心理崩溃等困境，另外，还有一些学生的身体状况受到影响。如果不能削减学生过重的功课压力，那么实施素质教育必将面临巨大困难。因此，我国为有效减轻义务教育阶段学生过重的负担，实施了“双减”政策。

第三节　依法治校

依法办学、依法治校是新形势下教育管理方式的根本变革。《中华人民共和国宪法》明确规定：“中华人民共和国实行依法治国，建设社会主义法治国家。”1999 年 11 月，《国务院关于全面推进依法行政的决定》发布。2010 年 7 月，《国家中长期教育改革和发展规划纲要（2010—2020 年）》发布，提出了“大力推进依法治校”的学校管理体制改革目标。2012 年 11 月，教育部下发了《教育部关于印发（全面推进依法治校实施纲要）的通知》，对在各级各类学校中如何深入贯彻科学发展观，全面落实依法治国要求，大力推进依法治校，建设现代学校制度进行了部署。2017 年 10 月，党的十九大明确全面推进依法治国总目标是建设中国特色社会主义法治体系、建设社会主义法治国家，为依法治校进一步指明了方向。2017 年 12 月，教育部印发了《义务教育学校管理标准》，对我国义务教育学校管理的基本理念、基本内容、实施要求进行了全面梳理，从保障学生平等权益、促进学生全面发展等方面阐明了学校的主要管理职责。

一、依法治校概述

（一）依法治校的含义

所谓依法，就是依照法律法规的规定。在此背景下，“法”可被视为一种更全面的观念。这个系统融合了国家层面的法律法规和规章、适用于一定地域范围的地方性法规和规章，以及学校章程和内部规章制度。尽管学校内部的规章制度没有法律约束力，但它们经过学校内部民主程序制定，旨在保护师生的利益并遵循国家授权或规定。因此，它的约束力在学校内部广泛存在，可以被看作“法律”的一种扩展部分。“治”的含义是进行管理和管理任务。有序开展教育活动是管理工作中不可或缺的要素之一。因而，严格按照教育法规所规定的权限和程序来管理学校，便是依法治校。教育法规在实际运用中具有两方面作用，一方面是规范和限制管理对象的教育行为，另一方面是规范和限制管理者的管理行为。这两个方面紧密相连，相互依存，共同构成了依据法律治理学校的基础。学校要依法治校，这涉及校长和其他行政管理人员对学校事务和人员进行管理，同时也包括教师在课堂上依据法律规定进行授课和管理学生。在学校管理方面，遵守法律法规是维护教育秩序不可或缺的前提。

在法治化的学校管理制度下，学校必须遵守法律规定，确保所有管理活动和行为的合法性。它支持授权合法行使权力，行使权力的人需要遵守法律规定，个人的意愿需服从国家法律意志。在中国，我们要求以法律为依据来管理学校，这是我们对历史经验和现实需求进行深入分析后得出的基本政策。自我国经济由计划经济转向社会主义市场经济后，我们更加注重社会主义法治建设。我们不仅在加强法律制度的建设方面做了努力，还将其转化为管理行为的法治建设，以此突显我们对于法治建设的高度重视。中国将继续致力于民主和法治事业，在 21 世纪不断加强这些方面的建设。在国家推行法治的大环境下，行政部门也应该遵循法律规定进行行政管理，同样，学校也应该遵循法律规定进行学校管理。实施依法治校可以有效增强学校的管理效能，而提高学校的管理效能也是落实依法治校的重要方向之一。为了让学校良好运转，需要确立和维护运作机制，并保持内部和各元素之间关系良好。通过法律的应用，可以保障建立和维持这种良好的机制和关系。通过制定相关法规和规章，可以使学校内部权利和义务关系明确，规范学校的管理工作，让教育决策变得更民主化，并且促进教育关系有序化和办学模式更加科学化；达到学校内部良好互动和交流的目的，确保系统设置科学合理、运转顺畅，增强组织凝聚力，同时尽可能减少政治和经济成本，提高管理效率。

在了解学校依法办学和依法治校的概念时，需要注意避免以下三种错误的理解。

一是管理者仅在管理教师和学生时遵守法律规定的标准和程序，这是片面的。全面遵循法律、依据法规治理教育，不仅限于利用法规掌控和规范教育行为，还要对管理者本身的管理行为进行规范和约束。学校的管理活动应当依据法定的权限和程序，并且不应受到管理者的个人主观偏好的影响。这意味着，管理主体必须更加注重符合法律规定的管理方式。

二是认为法律法规的目的在于规范人们的行为，强调人们应尽的责任和义务，并对违法行为作出相应的惩罚和制裁。这种看法缺乏全面性。现代法律的本质在于以权利为核心，其要求人们履行义务是为了确保每个人都能够平等享有自己的权利。只有在履行了应尽的责任后，个人的权利才能得到最大程度的维护。只有遵守法律法规，才能确保自己的权利受到法律的保障。

三是认为实施依法治校意味着校园管理重在惩罚。在实际情况中，有些学校的管理方法过于简单和武断，好像只有惩罚是解决问题的唯一途径。虽然罚款或判刑属于法律的处罚形式，但我们也应该注意到，法律还有保护人权、指导和评价行为等功能。除此之外，现代法律也更加重视个人的责任和义务，敦促公民不仅要严守法规，还需要积极行使自己的权利，并有意识地承担法律规定的责任。保护人们的合法权益是法律的首要任务，而处罚仅作为法律执行的辅助或补充方式。

（二）依法治校的意义

在我国，通过法律对教育进行管理，具有重要的实际意义和深远的历史意义，这可以从以下五个方面具体呈现。

1. 依法治校是科教兴国战略得以实现的重要保障

从20世纪90年代起，我国开始推行“科教兴国”战略，加强了教育在经济社会发展中的战略作用。党和国家已经颁布多个重要文件，明确强调科学教育和人才培养对于国家发展的战略意义。2002年，中国共产党第十六次全国代表大会的报告强调了教育必须摆在优先发展的战略地位，强调必须付出切实努力确保教育工作得到充分重视。教育的重要性再次得到强调，因为它是科技进步和人才培养的基石，对于整个现代化进程具有至关重要的先导性、全局性作用，因此必须优先考虑在发展战略中予以重视。2007年，中国共产党第十七次全国代表大会的报告进一步强调了关于科教兴国战略的重要性。据报告所述，教育是民族振兴的基石。中国共产党在推动国家发展战略方面，积极推行科教兴国政策。因此，我们需要着眼于发展教育事业，并努力建设人才强国。根据《基础教育改革与发展的决定》的规定，基础教育在推动国家科学和教育事业发展中具有至关重要的地位。它是各个领域的重要基石和先驱，可以提高中华民族的素质，培养不同层次的人才，并推进社会主义现代化进程。为了保障教育事业的发展，我们需要把基础教育作为教育基础设施建设和发展的关键领域，予以优先发展和大力保障。2012年，中国共产党的第十八次全国代表大会报告强调了教育的重要性，指出教育是民族振兴和社会进步的基石，必须保证教育质量，促进教育公平，办好广大民众满意的教育。因此，教育的进步已经成为体现国家和个人利益相互关联的重要方面。2017年，中国共产党的第十九次全国代表大会的报告中指出，建设教育强国是中华民族伟大复兴的基础工程，我们必须大力推进教育事业的发展，并且把其放在发展的优先位置。我们需要进一步推进教育改革，加速推动教育现代化，并尽力让人民对教育感到满意。2022年，中国共产党第二十次全国代表大会的报告中强调，我们要坚持教育优先发展、科技自立自强、人才引领驱动，加快建设教育强国、科技强国、人才强国。义务教育是基础教育不可或缺的一部分，对于个人的发展和幸福有着至关重要的作用。而且，整个国家的民众素质提升和国家实力增强也与义务教育密切相关。只有将符合科教兴国战略的措施和手段正式纳入法律，并以依法治理的方式来推动教育，方能真正实现党和国家科教兴国战略的宏伟目标。在多年的推动教育立法和执法实践方面，国家已经取得了显著进步，并在促进教育事业发展和保障投入方面取得了很好的成果。这不仅使公民的受教育程度得到提升，同时也为国家培养了许多具备建设能力的人才，以及未来的接班人。

2. 依法治校是保护教育改革成果的重要保障

学校管理方式的重要变化在于引入法律规范来管理校园。国家已经采取了重要措施，增强了学校的自主管理权，这一举措在政府与学校的关系改革和教育管理体制改革中也是一个重要成果。在过去，学校往往缺乏自主权，这是因为上级教育行政部门对学校进行了过度的管理和干预。学校的内部管理主要依照行政命令，但这种方式缺乏民主决策和透明监管机制，这可能会阻碍教育工作者的积极参与。这与学校目前致力于培养创新型人才的目标不一致。要提升学校的自主权，就需要对学校的内部管理方式进行改革。教育法规的作用是为了推动教育改革，将取得的成功经验和行之有效的做法在法律上明确规定，从而广泛实施。因此，只有在遵守法律规定、依法治理校园的前提下，才能成功保护教育改革所取得的成果。

3. 法治化学校管理是确保学校管理更加科学、民主的必要手段

改革学校管理体制的目的是推动其走向科学化和民主化。落实国家民主原则的一项具体措施就是学校实行民主管理，其重点在于让学生和教职员工一起参与学校的决策过程，让更多的教师参与到学校管理中。实现学校民主管理需要借助教育法规的支持和保障。

教师作为学校成员享有参与学校内部民主管理的基本权利。依据《中华人民共和国教师法》的规定，教师应参与学校的民主管理，有权就教育教学、管理工作及教育行政方面提出意见和建议。他们可以通过参加教职工代表大会等方式行使这些权利。在推动学校与外部关系协调的过程中，经常会遇到权益冲突的情况。随着时间的流逝，我们认识到传统的强制型行政教育管理方式过于依赖人工干预，难以有效解决涉及利益冲突的教育问题。只有建立完善的学校管理制度并通过法律明确规范学校管理活动，才能确保学校教育教学秩序的稳定并促进学校的进步和发展，实现学校管理工作的科学化和民主化。

4. 依法治校是全面贯彻教育方针的保障

为了实现法治校园，学校在开展教育教学活动时应当恪守国家教育法律法规，遵循党和国家教育方针，全面贯彻教育法规的执行。党和国家为教育事业制定的指导原则旨在推动教育向更高水平、更高境界发展。它是对教育政策全面规划和总结的结果。我国制定的教育方针明确规定我国实行社会主义教育，目的在于培养全面发展的人才。一些学校过分强调升学率，只注重智力教育，沉迷于成绩，忽略了全面评价学生的重要性。学校过度关注学业，导致学生承受着压力，被迫完成过多的作业，从而影响了他们的身心健康和思想道德水平。这些倾向的产生，

部分原因在于过去教育的管理主要依赖个体意志，而非法律法规的约束，从而为错误的教育指导思想提供了滋长的土壤。要想全面贯彻教育方针，培养高素质人才并更好地发挥教育在社会主义建设中的作用，必须制定教育法规，具体化教育方针并系统实施，同时也需要严格按照相关规定执行。

5. 依法治校是国家法制建设的基础工程

学校合法管理的关键在于确保不受私人利益的影响，保持学校健康稳定发展，同时也在于向下一代普及法律知识，培养他们依法办事的思想和行为，使他们成为合格的法治公民。这样可以进一步推动学校管理的规范化、有序化、科学化和民主化的进程。因此，实行遵守法律规定的教育和治学方式不仅是保证学校教育教学改革成功、有益推进的必要步骤，还是培育新一代适应未来社会需求、具备民主和法治观念的重要组成部分。此举还将促进全社会民主和法治的持续发展和进步。依据法律管理学校能够产生非常重要的社会影响。

（三）依法治校的原则

依法治校作为一种运用法律手段进行管理的活动，其实行应当依据以下六个原则。

1. 权利和义务相对应原则

为了规范教育管理，必须确立人们权利和义务的正确关系，遵循法律法规办学、治校。法律关系的核心内容包括权利和义务，二者密不可分、相互关联，一方的权利存在必须与义务相对应，在实现权利时必须依赖于履行相应的义务。在制定任何法规的过程中，公平和正义是最重要的标准。而要实现公平，就必须平衡主体的权利和义务。因此，我们应该重视权利和义务之间相互关系的重要性，而不是仅仅关注它们的获取和履行。在办学和治校的过程中，必须恪守法律法规，保障教育权利和义务的平衡。

2. 平等性原则

我国宪法规定了平等原则，即《中华人民共和国宪法》第三十三条所述："中华人民共和国公民在法律面前一律平等。"在该原则下，法律的公平和正义原则得到了具体实现。在教育领域，教育法律法规属于国家法律的重要组成部分，在实施过程中需要切实贯彻平等原则。所有公民应平等享有教育法律规定的权利，这是一个重要的原则。每一个公民都应该公平地服从教育法律所规定的要求，不得拥有特权或者豁免。教育应该让每个人都有平等的机会竞争，不应该有人获得不合理的优势。根据法律规定，任何公民在受到涉及教育方面权益的侵害时，都应受到同等的保护。对于违反教育法规的行为，应坚持平等原则，对所有公民实施同等的法律约束和惩罚。落实法治校园就是在学校管理方面遵从法律规定，并且必须坚持平等的原则。

3. 守法原则

在我国，依照法律行事是一个极为重要的原则。按照《中华人民共和国宪法》的规定，所有政府机关、武装力量、政党组织、社会团体、企事业单位都必须遵守宪法和法律。任何违反宪法和法律的行为，都应该承担法律责任并接受相应的惩罚。所有的群体和个人都必须遵守宪法和法律，不得有超越宪法和法律的特权。在法律上，中华人民共和国的所有公民都拥有同等的地位。每位公民都享有依据宪法和法律规定的自由权利，但也负有遵循宪法和法律规定的责任义务。法治社会要求所有机关、组织和个人在从事社会活动时遵照一项基本原则——守法。这意味着任何人在遵守法律方面都有责任，无论是国家机构、社会组织还是个人。只有在每个人都尊重法律、行使自己的权利并承担责任的前提下，才能保障每个人依法享有的平等权利不受侵犯。在以法律为基础的教育管理过程中，教育工作者必须确保自己的管理行为符合法律法规的要求，同时要求管理对象也遵守相关法律法规，以确保教育管理的合法性和规范性。因此，遵守法律是实现依法治校的重要责任和不可或缺的途径。

4. 公开透明原则

保障教职工民主权利是实现依法治校的目标之一，因此，在实践中必须坚持公开透明的原则。只有公开透明的管理和决策方式，才能让更多的教职工参与并监督管理工作，体现公平的态度，同时也可以将依据法律治理学校的过程转化为法治教育的过程。公开透明原则和监督制度在依法治校中的实施有助于保护受管理者的权利和义务，避免管理者过度行使教育管理权力所带来的负面影响。这有助于表明依法管理的强制力，同时也推进了公正客观的依法治校。只有这样，才能确保校园依法治理的有效实施，同时满足社会主义教育法治建设的标准，以及维护国家和人民最基本的教育权益。

5. 有法可依、有法必依、执法必严、违法必究原则

办学应以法律规范为依据，必须严格执行规定，对违法违规行为采取严厉的处理措施，坚持依法治校的原则。制定这一原则的目的在于维护教育法律权威和法治的严谨性，其覆盖范围包括法治的全过程。因此，为了遵守这一原则，必须首先加强教育法律法规的体系建设；在执法过程中，应当以法律为准则，恪守实事求是的原则。强烈倡导严格遵守法律法规，对任何违法行为必须追究责任。

6. 教育性原则

我们需要将教育、法律和行政执行紧密结合起来，以引导人们自愿学习法律知识、遵守法律，从而通过主动履行法定义务来构建法治社会。同时，我们应该借助强制措施，对违法行为进行惩罚，以维护公正和法律的权威。教育主体只有深刻领会和理解教育法规，才能让依法治校发挥实际效用，这是最为关键的因素。只有深入了解教育法律法规的内涵，教育工作者才能真正做到自觉遵守法律。借助法制化手段加强校园管理，普及教育法规和法治观念，促进民众逐渐了解和认同教育法规。除了惩罚违规行为之外，还可以通过树立榜样，起到引领的作用。在执行校规处分时，应以教育为主要宗旨，对人们进行引导，让他们自觉地遵守教育法律法规、学校规章制度和相关行为准则。

二、实现依法治校的条件

毫无疑问，现在是我们国家在各级各类学校建立健全法治管理机制的紧要关头。建立和健全依法治校的管理机制需要逐步推进，这需要在物质条件和思想观念上进行转型。为了保障法治教育的有序推进，需要创造一定的条件和环境。学校内部各方应充分认识到教育法律的重要性，以实现依法治校的目标。

（一）树立依法治校观念

树立教育法律意识是对于教育法规知识和思想观点的总结和归纳，目的在于深入理解教育法规的本质和作用，倡导建立完善的教育法律制度和严格按照依法治校的要求来推动教育的发展，展现了教育者在培养法治思维、坚守法治信念方面的努力，从而培养学生对法律的意识。教育法规的目的在于确立人与人之间的教育权利和义务关系，因此，符合教育法规规定的范围、依照教育法规履行教育义务的教育行为，才是合法且符合规范的。因此，教育法律意识需要涵盖对教育权利和义务方面的了解和认识。教育法律意识是人们有意识地了解和遵守教育法规的一种心理活动，它对于落实依法治校、切实实施教育法规具有非常积极的作用和推动力。在学校管理机制中，教育法律意识是发挥作用的关键因素，它能够为依法治校提供有效的驱动力。了解和遵守依法治校的原则是教育法律意识的一个重要方面。教育法律意识是在对法律有所了解和理解的基础上、在实践中逐步形成的，通过依法办教育来不断加深。实践是意识的产生源泉，而意识也会对实践产生反作用。一旦人们拥有了教育法律意识，就会激励他们遵守教育法律，并形成遵守教育法律的习惯。

要求学校领导者改变“家长式”的领导方式，转而提倡依法治校的理念。在建设法治化校园的过程中，需要运用教育法规来规范学校内不同教育主体的职责和权利，并明确它们的地位和相互关系。一旦建立了基于法律的学校管理机制，校长的角色就不是一种支配意志的长官角色。当校长行使权力时，应该考虑到学校所有成员的利益和共同意见，并做出相应的反应。校长的权威应该建立在学校成员相信和尊重他代表全体成员利益的基础上，而非仅依赖他的职位和权力。作为学校领导者，他们必须具备代表全体教职工和学生利益的能力，并且还应该善于使用有效的沟通技巧，让学校的各个成员理解并认同他们的目标和意图。因此，学校领导在制定和实施管理决策时，应当执行透明化校务制度。为了有效推行依法治校，在学校治理中，领导者需采用民主的方式来进行管理。

如果要实现依法治校，就必须让教师转变传统的师生观念，并采用基于新型师生互动模式的教学方式。教师需要认识到学生的自主性，将其视为独立思考和行动的个体。尽管“一日为师，终身为父”表达了学生对教师的敬重，但若持续推崇这种观念，就难以建立教师和学生之间平等民主的关系，也可能会忽视尊重学生个体特质的重要性。如果不改变这种思维方式，就难以消除对学生进行的不当行为。素质教育是基础教育的重要组成部分，其目的是提高国民素质，培养学生成为具备良好道德素养和社会责任感的合格公民，以适应未来社会的发展需要。为了实现这一目标，教师应该从学生开始接受教育就将他们视为未来的建设者。我们必须认识到教师对学生实施体罚是侵犯学生作为公民的人身和人格权利的行为。教师应该探索和实践合适儿童和青少年身心发展的教育方法，并且不采用过于简单、暴力或者会对学生身心健康造成威胁的方式。同时，教师应该严格按照法律规定进行教育教学工作。

建立依法治校理念的前提是各教育主体具备了法律意识和法律素养。法律无法独立地对社会生活产生影响。这个规定只有在得到特定社会群体的遵守和实施时，才能够被应用到处理人与人之间的社会实践关系中。只有遵守者享有法律保护，违反者接受相应的惩罚，这样才能够确保该规定的有效性。因此，要实行依法治校，学校各教育主体必须熟悉和掌握相关的教育法规知识。

要做到全面掌握和理解教育法规，必须熟知法律，理解法规。按传统观点，法律的主要功能在于规范人们的行为并使其遵守特定的义务。这种观点以义务为中心，缺乏全面性。除了要求人们履行一定义务和约束其行为外，法律还具有保护人们权利的作用。权利和义务是互相依存、互不可缺的法律范畴，不存在单方面的权利或义务。我们只有具备法律知识和遵守法律，才能确保不仅履行法律责任，还能够享受与行使相关权利。因此，我们需要理解并掌握教育法规，不仅要了解它所规定的行为，更要深入了解其背后的含义，以保护我们相关的教育权利。如果我们能够理解这个深层含义并在教育法规中贯彻它，那么我们就会自发地要求自己守法。

（二）制定学校章程

遵循法律法规是确保学校管理规范的基本要求。判断学校是否符合规范，需要考虑学校章程是否健全和完整。根据《中华人民共和国教育法》第二十七条的规定，任何学校或教育机构在成立时，都必须制定一份章程。

教育部于 2017 年 12 月发布了《义务教育学校管理标准》，为促进学校制度现代化建设奠定了可靠的基础。根据标准规定，学校应依法制定和修订学校章程，并健全完善监督机制以实施章程，以达到规范学校办学行为的目的，提升学校管理的水平。学校章程是一份具备规范和指导作用的文本，旨在维护学校的自主权和合法治理。学校需要拟定具体的章程，明确规定学校的核心内容，如办学宗旨、主要任务、内部管理体制和财务活动的基本制度等。因而，学校章程是确保学校独立自主管理、自我约束并接受政府监管的关键基础。学校章程应是学校其他规定的基础，学校其他规定应当遵循学校章程。学校章程的内容包括学校名字以及地理位置信息；学校的使命、特质和独有特色；学校的规模和建筑设计；学校的机构架构；学校的经费来源、资产状况以及管理制度；举办者和学校之间的权责关系；教育工作者和学生的权利和义务；程序修改的章程；学校标志、校园旗帜、校歌；其他应遵守章程规定的内容。

（三）建立健全学校规章制度

要实行依法治校，必须建立起可供参考的法律制度。我国正在大力推进教育立法工作，逐步完善相关法规，从国家层面到地方层面都在推进。我国正在建立一套完整的教育法规体系，以宪法为基础，以教育法为主线，以最高权力机关颁布的教育法律为核心，其他国家机关制定的各类规章为辅助，保证法规体系层次分明、完备有序。虽然国家制定的教育法规涵盖了学校常见的问题，并规定了一般的教育行为准则，但是每个学校的运作方式仍然具有一定的特殊性。这意味着学校必须将国家制定的教育法律法规转化为可实施的具体措施。因此，在落实校园法治化的过程中，法律不仅是指由国家政府机构制定的教育法规，也包括学校内部制定的规章制度或其他与教育法规一致的措施。根据《中华人民共和国教育法》规定，学校可以制定符合本校实际情况的内部规章制度，但前提条件是必须遵守法律法规。

为了加强学校内部管理，需要采取一系列措施，如制定和完善管理工作规章制度、推进学校民主管理监督制度，以及改善校内师生申诉制度等。

校园的全面管理涉及众多领域，其中包括教育和教学管理、体育和健康管理、师生管理、设备设施管理、财务管理和保障安全管理等。为了确保学校管理合法，应该制定符合国家法律法规和学校章程的管理规定，并实施规范且系统化的管理措施，以确保依法治校得到保护。

我国长期以来一直实施教职工代表大会制度，其被广泛视为一种有效推进民主管理的制度。教职员工代表大会制度是基于教育法、教师法、工会法等法律制定的。依据《中华人民共和国教育法》的规定，教育机构应该尊重教职工的权利，以教师为主体，通过各种组织形式如代表大会等，确保教师们有权依照法律参与民主管理和监督教育事务。教职工代表大会是一种合法正式的非行政性组织，旨在代表教职工的权益和需求，以确保教师权利得到保障。它是教师们保障自身利益的重要组织形式。在涉及教职工权益和学校发展的关键问题上，如改革计划、优先考核、职称认定、福利分配和教员培训等事务，必须向教职工代表大会提出并获得批准。随着学校自主权的加强和管理制度的更新，教职工代表大会的重要作用将更加凸显，特别是在维护教师权益和承担责任方面。教师通过教职工代表大会实现了参与民主管理的权利，这种组织形式突显了教师在法律制度下的地位。这一形式赋予了教师参与组织管理的权利，不仅行使了法定的民主权利，并且可以在学校决策上发挥作用。根据《中华人民共和国工会法》的规定，学校工会是教职工代表大会的工作机构，即使在闭会期间，工会仍需履行职责。

学校还应该确保与学生和家长之间的沟通渠道畅通无阻。学校应该考虑到学生的需求，因为学生是学校教育的直接受益者。为实现这一目标，学校应当积极倾听学生及家长的想法，并及时与他们进行沟通，共同协调教育工作，以确保学生的健康发展。

如果学生或教师觉得学校的处理决定不公平，或者学校的行为侵犯了他们的合法权益，那么他们就可以利用校内申诉机制向学校提出申诉，学校按照规定的程序进行审查处理。设立和完善内部申诉机制不仅是学校合法运作和管理的重要体现，也是学校以人为本、尊重法律的重要举措。申诉机制能够审查和监督学校行为是否合法和合理，防止学校对学生和教师做出不当处置，保障学校师生的合法权益。此外，申诉机制也有助于学校内部化解纠纷，维护校园秩序稳定。

学校应该建立申诉处理机制和任命专责委员会来维护师生权益。该委员会由学校领导、部门负责人、教师代表、家长代表和学生代表构成，遵守法定程序及规定，采取一系列措施来处理教师或学生的申诉。

学校在制定内部规章制度时应考虑全面性规定，包括对实体和程序方面进行规定。这样的规定不仅指导教职工和学生应当采取哪些行动，也告诉教职工和学生应该以何种方式正确执行这些行动。

第三章　高校教育管理体制改革研究

本章内容为高校教育管理体制改革研究，主要包括国内外教育管理体制、高校内部管理体制改革研究、高校课程管理体制改革研究以及高校科研经费体制管理改革研究。

第一节　国内外教育管理体制

一、美国的教育管理体制

（一）美国的教育管理体制实行地方分权制

美国的政治体系设计中注重地方自治和遵循分权原则。美国联邦（中央）政府只具有宪法明确授予的权力，其他权力则归属于各州和地方政府。美国联邦教育部并不直接管理和运营学校，而是通过制定政策、提供资源和监督评估等方式来支持和指导各州和地方的教育工作。因为在地方分权制度下，美国教育的具体实施和管理职责主要由各州和地方政府承担。

美国联邦教育部的主要任务包括制定教育政策和目标、提供资金支持、监督和评估、促进教育研究和创新，以及确保教育公平和教育机会均等几个方面。不过，美国联邦教育部依然能通过国会教育立法和教育投资来把握联邦政府的影响，在顺应本国体系传统的前提下根据社会的发展对教育提出要求。

（二）多数州政府行使的权力和经费来源

美国各州政府可以制定教育政策和法律，包括学术标准、课程要求、教学方法、学生评估等方面；可以根据本地实际情况和需求，制定适合本州的教育政策，并确保其与联邦教育政策的一致性。多数州政府的高等委员会负责在州立院校成立之前批准建校规章并发放许可证，或为私立院校颁发执照，明确规定其董事会选举方式。此外，各州政府还负责分配来自联邦政府的资助和本州的预算、管理，以及监督本州的学校系统、教师的资格认证、学生入学政策等。

州立院校一般通过州政府拨款、学费、研究赞助和捐赠等途径获取经费；私立院校的经费除了学费，还有捐赠、基金、研究赞助等。此外，一些大型私立院校可能还依靠其资产投资回报、校内商业运营等方式增加经费。州立院校和私立院校都拥有相当程度的办学自主权。院校可以根据自身的办学理念和教育目标，自主决定课程设置和教学方法；自主制定招生政策和标准；独立开展学术研究和科研项目；自主进行学术评估和质量保证工作。另外，美国法律规定，联邦政府不得插手教育资料印刷等事务。也就是说，虽然联邦政府具有教育立法和拨款方面的权力，但不能直接干涉院校的具体内部事宜。

（三）地方教育行政部门有管理学校的责任

作为当今世界典型的地方分权制国家，美国管理学校的责任主要是由地方教育行政部门承担。在美国，这种管理体制是与它的政治、经济制度和历史传统相适应的。由于联邦政府无权控制全国的教育，因而有利于各州、各地方、各院校发挥积极性和创造性。各院校都力求适应市场的种种需要以作出及时的调整，包括适应政界或公众舆论、适应学生需求的变化、适应毕业生就业市场和科技发展的需要等。

但是，这种“各自为政”的管理体制也给教育的长期性和全局性的规划工作带来一定的影响。同时，由于种种原因而无力对市场需求作出及时反应的院校，其生存也常常受到威胁。随着规模急速扩大，美国教育在国际国内的地位显著提高，联邦政府对教育的干预明显增多，各州对教育的管理也普遍加强。

二、法国的教育管理体制

（一）法国是实行中央集权制的典型代表

法国教育的管理和决定权在中央政府及其教育主管部门。中央政府直接管理和调节教育活动，教育资源配置由政府按计划分配。在法国的教育体制中，中央政府的教育部拥有很大的权力，包括制定方针政策、审批学校专业文凭授予、批准各级人事安排、确定招生专业及其招生数、分配教育经费等，几乎涉及教育系统运行的所有方面。法国虽然设有大学区，但大学区不是中央政府一级教育行政单位，而是中央政府教育部的派出机构。大学区总长由教育部长提名、总统任命，代表教育部长直接管理大学。法国大学的教育经费绝大多数来自国家，教育是其国民经济发展规划中的一个组成部分。

法国虽然是市场经济国家，但其教育体制实行中央集权制，这主要是由其政治体制决定的。在历史上，法国曾是欧洲的一个典型的高度中央集权的封建国家。1794 年大革命后，法国资产阶级仍采取了中央集权式的管理，拿破仑当政后进一步完善了中央集权制。

（二）高等教育的自治民主原则和自主权

1958 年戴高乐任总统后，进一步强化了总统的权力，加强和稳定了中央政府的权力地位。但是，高度中央集权的法国教育管理体制，在第二次世界大战以后遭到社会的广泛非议，其中最为激烈的是 1968 年声势浩大的学潮。这次学潮促使法国颁布了《高等教育方向指导法》，确立了高等教育的“自治民主”原则，赋予大学区教育行政机构和大学较大的自主权，但法国的大学自主自治是在国家强有力的领导和监督之下的。

三、英国的教育管理体制

英国历来有大学自治的传统。英国中央政府教育部主要负责制定国家教育政策，不直接管理高等学校。

（一）大学拨款委员会

英国教育体制的最大特点是设有“大学拨款委员会”，起着协调国家和大学之间关系的作用。大学拨款委员会是非官方机构，只根据大学的财政需要提出意见，并将议会通过、政府提供的经费分拨给各院校。第二次世界大战后，其职能扩大到包括“根据情况需要，帮助制定和执行各大学的发展规划，以确保大学能完全适应国家需要”。

20 世纪 80 年代以后，英国政府对教育的宏观控制有所加强。1985 年 3 月，英国政府发布了《20 世纪 90 年代英国高等教育的发展》绿皮书。1987 年，英国政府又发布了高等教育白皮书，表明了对教育改革的关切。

（二）大学基金委员会

1988 年，英国正式颁布了强调中央政府教育职能的重要文件——《1988 年教育改革法案》。据此，1989 年新设“大学基金委员会”，取代了存在 70 年之久的“大学拨款委员会”。

大学基金委员会的成员来自高等院校和工商界，由政府和该委员会主席协商后任命。很显然，英国政府借助这个组织，既达到了控制教育的目的，同时又避免了政府与大学的直接冲突，并且在形式上维护了大学自治的传统。英国的教育体制正是由于这个缓冲组织的作用而呈现集权与分权相结合的特征。

四、日本的教育管理体制

（一）始于中央集权

日本的教育管理体制自明治维新到第二次世界大战结束前，一直实行中央集权制。这也是由其高度集权的政治体制决定的。第二次世界大战结束后，美国占领军在日本推行各方面的改革，高等教育体制在美国的影响下实行分权；中央政府管理高等教育的权力大大削弱，地方和其他利益集团的权力加强。但由于其高度集权的传统力量，在20世纪50年代后期，日本政府逐步强化了中央管理高等教育的权力，地方分权有所削弱，形成了介于中央集权和地方分权之间的体制。

（二）介于集权与分权的体制

1.日本参众两院都设有“教育常务委员会”

“教育常务委员会”负责审查政府提出的教育方针、教育法规、教育计划等，是高等教育政策的最高决策机构。中央政府主管教育的行政部门——“文部省”仍然拥有很大的权力。

按照日本法律规定，国立大学和私立大学都由“文部省”领导，“文部省”拥有学校审批、人事任免、设施配备等方面的权力，各地方教育行政部门和大学必须不折不扣地执行。

2.在法律许可的范围内有较大的自主权

在改革中，大学自治的原则得以确立，文部省对大学只能进行原则指导，各大学依据《学校教育法》和《大学设置基准》等法律法规自行管理，在资源配置上，国立大学、公立大学和私立大学分别由国家、地方和法人团体提供经费。

3.咨询机构

日本教育行政管理的另一特色是在中央层设立由社会各界代表组成的“中央教育审议会”“大学设施审议会”“私立大学审议会”等组织。这些组织都是“文部省”大臣行使教育行政职权的咨询机构。

1981年，日本还设立了超越“文部省”的“临时教育审议会”，由首相任命政界、经济界、教育界和新闻界等有影响的25人组成，任期3年。该审议会曾提出关于日本教育改革的4个审议报告，对日本的教育改革起了极其重要的作用。

五、德国的教育管理体制

（一）类似于美国的高等教育管理体制

在第二次世界大战之前，德国高等教育实行的是中央集权制，战后由于受美国影响而趋于分权。但较之于日本，德国更接近于美国模式。德国州政府拥有高等教育决策和管理的很大权力，联邦政府在法律上不具有管理高等学校的权限。

（二）主要区别

德国的高等教育与美国又有明显的区别，主要表现在：

德国联邦政府仍负责教育的总体规划，联邦政府的教育和科学部与各州的教育部共同承担某些教育管理职责，不像美国各州有那样大的独立性。

德国大学与欧洲大部分国家的大学一样，缺乏内部的竞争力，教职员纳入国家文官体系，高等教育经费以州政府和国家资助为主要来源；美国大学内部的活力来自激烈的竞争机制，经费来源主要依赖市场体系，即使是国家对高等教育的经费资助也往往通过市场下达。

因而，尽管形式上德国高等教育实行地方分权制，实质仍与美国的地方分权制不同，应视为集中与分权相结合的体制。

六、俄罗斯的教育管理体制

（一）在教育管理机构方面

1991 年俄罗斯成立了两个联邦级的领导和管理机构，一是俄罗斯联邦教育部，二是俄罗斯联邦科学、高等学校和技术政策部。这同 1988 年以前苏联所设的三个全国性教育管理机构（教育部、高等和中等专业教育部、职业技术教育委员会）相比，显然是机构上的一种精简，但它们的职能范围不完全相同。与苏联教育部相比，俄罗斯联邦教育部的管理范围有所扩大。前者主管学前教育、普通教育、师范（包括高师）教育和校外教育；后者除主管上述教育外，还主管初、中等职业教育。

成立俄罗斯联邦科学、高等学校和技术政策部的目的是，把科研和教育统一起来，从根本上克服苏联长期存在的教育与科研脱节的弊端。

该部的职能是领导并管理大学和师范院校以外的其他高等学校，即《俄罗斯联邦教育法》中所说的高等职业教育机构（包括各类高等学校）。该部管理教育的具体机构为其所辖的高等学校委员会，1993 年后称俄罗斯联邦国家教育委员会。

（二）在管理方式方面

俄罗斯教育施行分级管理。根据《俄罗斯联邦教育法》，目前俄罗斯教育实行联邦、部门、联邦主体组成的三级管理。各级管理有其明确的权限。

1. 联邦一级

联邦一级主要通过其权力机关和教育管理机关对教育实行宏观管理。例如，制定并实施联邦的教育政策，组建并领导国家和部门的教育管理机关，任命或批准这些机关的领导人，确定建立、改组和撤销教育机构的办法，建立国家教育鉴定部门，对高等学校进行鉴定和验收，并颁发许可证，制定国家教育标准和标准条例，规定教育培养专门人才的专业目录，编制联邦教育经费预算，对全国教育系统中的劳动关系进行法律调节等。

2. 联邦各主体

联邦各主体在教育方面通过其权力机关和教育管理机关，制定并实施与俄罗斯联邦政策不相抵触的教育政策；制定本主体的教育法规；编制国家教育标准中主体部分的教育标准；编制本主体的教育预算和教育拨款标准；保证执行《俄罗斯联邦教育法》并检查国家教育标准在本主体教育系统中的执行情况等。

（三）高等学校内部管理的体制因高等学校性质不同而异

俄罗斯高等学校内部管理的原则是民主性、自主性。据此原则，俄罗斯高等学校的自主权，特别是办学和财产使用方面的自主权较之苏联明显扩大。国立高等学校和地方高等学校实行校、系、教研室三级管理。

俄罗斯高等学校由经选举产生的代表机构——校务委员会实行总的领导，由校长直接管理。校务委员会每届任期 5 年。为了体现高等学校管理的民主性，校务委员会由高等学校各方代表组成，其中大学生和研究生的代表不得少于 25%。校务委员会的主要职能是审议并批准高等学校章程及其内部规章，选举校长（据《俄罗斯联邦教育法》规定，高等学校校长既可由高等学校集体选举产生，也可由政府任命），审议学校经济和发展中的主要问题等。俄罗斯高等学校实行校长负责制，但国立高等学校校长的权力需由联邦政府确定。这说明，俄罗斯在提倡高等学校自治的同时，也重视高等学校领导权的宏观控制。非国立高等学校由创办人直接领导，或由创办人组建、委托的管理委员会领导。

上述几种体制，就国际比较而言，很难说哪种体制绝对优或劣，因为种种体制都有利有弊。

研究国外教育管理体制的几种模式，可以得到启示：中央集权制的优越性恰恰是地方分权制的弊病所在，相反，地方分权制的优越性也就是中央集权制的弊病所在。一个国家采用哪种教育管理体制，是受其经济、政治体制和历史文化传统等多种因素制约的，并不只是由经济体制所决定。因此，确定我国的教育管理体制，必须深入研究我国各方面的情况，不能照搬外国的某一种模式。

七、中国的教育管理体制

（一）中国的教育管理体制

我国教育管理体制的改革应坚持以主动适应社会主义市场经济多元化要求为目的，以把学校建成相对独立的办学实体为中心，以政府转变职能、有效地实行宏观调控为关键，以实行中央、地方两级管理为依托，逐步建立起与经济体制、政治体制相适应的符合教育自身发展的特点和规律，具有中国特色的社会主义教育管理体制。

为了适应社会主义市场经济体制的需要，国家行政管理体制改革已逐步展开。教育宏观管理体制是国家行政管理体制的组成部分，是国家管理教育事业的组织机制。改革教育宏观管理体制，提高教育宏观管理水平，建立适合我国国情的教育管理体制，是一项刻不容缓的任务。

（二）原有教育管理体制存在的主要问题

1. 条块分割，自成体系，各自封闭办学

在过去，我国的教育管理体制呈现“条块分割、部门办学”的特点，这种分级分散管理体制的特点是将权力下放至各个层级，让各个部门和地方有更大的决策自主权。然而，这种管理模式在高等教育领域容易导致地方部门重复设置高等学校和专业，导致教育资源浪费。

高等学校和专业的设置由各个部门和地方自主决定，缺乏统一规划和协调，这样就容易造成专业重复、校际竞争等问题，浪费公共资源，而且这些决策很难得到整体规划，也缺乏统一执行标准。各个层级之间的信息共享和交流不足，每个层级只考虑自己的利益，大多数情况下没有意识到要与其他层级进行沟通和协调，从而导致各个层级之间难以展开有效的沟通和协同工作，出现资源浪费的情况。

2. 管理无序

教育宏观管理是对整个教育系统进行整体规划和资源配置，而微观管理则是对具体学校、班级等进行细节管理。如果界限不明确，会导致资源配置不合理、教育质量参差不齐、学校自主权不足、师生创新活力受限等问题。我国原有的教育宏观管理体制改革依然存在宏观管理过度干涉高等学校具体事务的问题。中华人民共和国成立初期形成的教育主管部门对所属高等学校进行直接行政管理的模式，不管是在地方分散管理体制下，还是在中央地方分级分散管理体制下，仍存在一定的延续。主管部门过度行使管理职权会使得高等学校管理过于行政化，注重行政手续和程序，而忽视教学质量和学生发展，这种情况下，学校领导层更注重管理层面的考核和表现，而忽略教育教学的本质和目标。

我国相关法律法规对于中央与地方在教育宏观管理方面的具体权限划分还需更加明确，中央与地方之间的职责边界模糊，使得中央与地方在具体管理过程中难以明确各自的权限和责任，容易发生管理重合或缺失。中央在教育宏观管理层面进行整体的规划和指导，而地方则负责具体的实施与管理；教育宏观管理需要对资源进行合理配置，以满足教育发展的需求。然而，由于权限界限不清，中央和地方在规划与实践之间的衔接存在问题，导致规划无法完全有效贯彻落实；资源配置方面的划分不明确，影响了教育的整体发展，一些地区或学校资源过剩，而其他地区或学校资源匮乏。

3. 专业设置较窄

过去单科性院校比重过大、数量过多，造成我国教育在结构和布局上严重不合理。在过去高度集中的计划经济体制下，国家集中力量主要按部门、按行业发展经济，与此相适应，中央部门创办的高等学校以及省级业务部门管理的高等学校多数是为本部门、本行业服务的单科性院校。

这些学校因为行业性较强，许多学校按产品，甚至按产品的零部件和工艺方法设置专业，或者本来通用性很强的专业戴上行业、部门的帽子，使专业面变窄，造成毕业生知识面较窄、适应性较差。这些历史因素依然对现在的教育管理体制存在一些影响。

4. 缺乏生机和活力

我国目前还存在有些地方政府对学校管得过多、过细而服务却不到位的问题，导致一些学校自主权过小或学校仅为行业服务，不能快速主动地根据经济、社会发展的需要和人才市场的变化，对办学的形式和内容进行相应的调整，因而缺乏生机和活力。

很显然，如果不改革原有的这种条块分割和“统”与“包”的体制，不解决由这种体制所造成的教育在结构、布局、质量、效益等方面所存在的诸多问题，我国教育就很难进一步健康发展，就不能适应改革开放和社会主义市场经济的需要，不能适应我国科教兴国战略、可持续发展战略以及经济增长方式转变的需要，就不可能完成为我国社会主义现代化建设服务的历史重任。

（三）改革原有教育管理体制的必要性

第一，为适应社会主义市场经济体制需要改革教育管理体制。随着社会主义市场经济体制的建立和多种经济成分的发展，中央政府部门管理经济和企业的职能已经发生政企分开的重大变化。为适应这种变化，改革原来“条块分割”的办学和管理体制，就成了经济体制改革的必然要求。

在社会主义市场经济体制下，市场在资源配置中起基础性调节作用，除极少数特殊的行业之外，经济发展不再主要由行业的业务主管部门以“条条”的形式规划和组织，人才培养就应改变主要由行业的业务主管部门进行规划和组织的做法。高等教育应按照中央和省级人民政府两级管理、分工负责的原则进行规划和组织，更多地面向地方培养人才，同时兼顾行业主管部门的需要。

第二，适应现代教育的发展规律。为避免造成教育的新一轮重复建设，教育管理体制改革也是教育规律的客观要求。现代科学的发展越来越呈现出综合化的趋势，学科之间的相互交叉、渗透日益增多。经济、社会的发展也越来越需要更多的复合型人才。这就要求高等学校学科、专业不能过于单一。学校只有具有多种学科的氛围才有利于人才的成长和学科的发展，才能增强学校深入社会、为社会服务的能力。

因此，高等学校向多学科发展是符合教育规律的。只要有条件、发展到一定程度，单科性院校就要向多学科发展，这是一股不可阻挡的潮流。但是，在我国目前情况下，用何种方式实现高等学校向多学科或向综合的方向发展更好？是通过管理体制改革发展多种形式的联合办学解决，还是任由每一所高等学校自我膨胀、自我发展解决？答案只有一个，就是通过改革教育管理体制，大力发展多种形式的联合办学来解决。这样做效益更好，质量更高，更有利于我国高等学校布局结构的合理调整。

如果都靠自我膨胀，外延发展，各校设立许多新的学科、专业，在我国目前的情况下，势必造成教育的新一轮重复设置和重复建设。这不仅会打乱人才的科类、专业结构，而且是低效益的、有限的教育投入所达不到的。现在面临的局面是国内很多高等学校都在向多学科发展，这造成的重复建设、人才的浪费、教学质量滑坡是非常严重的。因此，抓紧进行教育管理体制改革是十分必要的。

（四）建立适合我国国情的教育管理体制

1. 加强省级政府统筹决策，实行“条块结合”的新体制

社会主义市场经济体制的建立和现代科学技术的发展，使原来的“条块分割”的教育管理体制的弊端越来越突出。克服弊端的途径之一就是加强省级政府对教育的统筹决策权。其主要理由是：

经济体制和政治体制改革的深化必须促进以开发优势资源为特点的区域经济的发展，因而需要相应地发展教育，以培养适应区域发展所需要的人才。

市场经济的发展、中央机构的改革和政府职能的转变，使中央经济业务部门，特别是工业加工部门越来越难于在经费上支撑所属的高等学校。将其转由地方管理，或与地方共建、共管，是可供选择的改革模式。

高等教育是非义务教育，要面向社会办学，市场机制必然在一定程度上对其资源的配置起基础性的导向作用，因此，必须讲求办学效益。加强省级政府对设在本地区所有高等学校的统筹决策权，是避免低效益、低水平重复设置学校和专业，实现资源配置优化，消除单科性院校培养人才知识面过窄等弊端，提高教育质量和办学效益的战略选择。

加强省级政府对教育的统筹决策权，是与教育地方化趋势相一致的。所谓教育地方化趋势，是指随着经济发展水平和人们普遍受教育水平的提高，教育办学和管理的权限逐步下移的趋势，即由中央—省—地方下移的趋势。

2. 扩大高等学校依法办学自主权

教育管理体制的改革不是简单地改变学校的隶属和投资关系，而是要把重点放在转变政府职能、扩大学校面向社会自主办学的权力、建立自我发展和自我约束的机制上。过去，我国高等学校曾经历过几度“下放”与“上收”的反复，每次反复都使学校受到不同程度的损失。其重要原因之一是只解决学校的领导关系问题，而学校对政府的依附关系依然如旧。改革教育管理体制必须坚持转变政府职能，扩大学校办学自主权，使学校真正建立起主动适应经济和社会发展需要的活力和自我约束的机制。只有这样，学校才能在改变管理体制之后获得健康发展。

要提高高等学校“生产过程”的效率，就必须使高等学校对“生产过程”拥有自主决策权。但是，这种自主决策权又不同于企业。因为作为一种非营利组织，高等学校“生产”的最终目的是提高综合效益。这种综合效益不是用利润衡量，而是表现为学校能否满足国家、社会和个人的多方面需求。所以，学校的办学自主权又是有限度的，需要国家加强宏观调控，使其能满足社会发展的全面需要。

3. 加强社会参与，调动各方面办学和管理的积极性。

加强社会参与是我国教育发展和改革总战略的重要组成部分，是我国社会主义市场经济发展的客观要求。因为市场经济的发展必然导致办学主体的多元化。

在任何经济体制下，教育都是一个国家主权范围内的事情。在市场经济条件下，教育是政府向社会提供公共服务的重要内容。因此，办教育属于政府的职责之一，政府始终是办学的重要主体之一。

在市场经济条件下建立的现代企业制度的重要组成部分是以劳动力资源开发为核心的劳动力资源管理制度。教育是劳动力资源开发的根本手段。因此，办教育也属于企业的职责之一，企业也是重要的办学主体之一。

人才市场、劳动力市场的发展必然加剧就业竞争，社会和经济发展也必然进一步带动个人向社会化方向发展。教育在促进个体社会化、满足人的自身发展方面所特有的功能，使它具备社会行为的属性。这些因素都促进社会力量（包括社会团体和公民等）成为办学主体之一。

国家宏观调控的重要任务之一是要通过制定政策法规，采取各种措施，充分调动各级政府、企业、社会和公民等方面参与办学和管理的积极性，培育和建设教育发展和改革的新的动力机制。

教育管理体制的改革仍是我国当前教育改革的重要任务，必须使教育管理体制改革与教育发展结合起来；必须把教育管理体制改革与教育立法结合起来，走民主与法制的道路。教育体制改革必须和我国的改革开放政策相适应，以保证改革充满活力、顺利进行；必须和国家的宏观管理相结合，使我国教育方向明确、适应需要。

高等教育管理体制改革必须有利于加强和完善党对高等学校的领导，有利于高等学校培养高质量的人才，有利于发挥校长的作用，有利于广大教职工参与民主管理，有利于高等学校提高科研水平，有利于高等学校积极为社会服务。

第二节　高校内部管理体制改革研究

一、加强高校内部管理制度体系建设

高校内部管理制度体系建设是保障高校稳定发展的基础。该体系包括组织管理制度、人事管理制度、财务管理制度、教学管理制度、科研管理制度、学生管理制度、合规与安全管理制度、资产管理制度等方面。科学规划能够从宏观上确

定高校发展的方向和目标；整体设计可以将各项管理制度有机地结合起来，形成一套完整的管理体系；注重效益可以使高校管理制度建设更加注重实际效果，达到经济效益和社会效益的双重收益；规范建设可以使高校管理制度更加科学、稳定和可行。

高校的具体工作内容以及属性在进行横向制度建设时需要综合考虑其特点、需求和经验，并注重科学规划、整体设计、效益和规范性的原则，涵盖法人、组织、人事和教学制度，确保科学性、有效性和可操作性；在进行纵向制度建设时，要明确总体框架，分层次建设，依据层级职责制定制度，健全执行和监督机制，同时定期评估和改进，协助学校层面、院（系）二级单位的制度建设等。

我国高校制度体系建设之首要任务就是要根据国家的规章制度、规范文件，建立并且健全高校内部的各项管理的规章与制度，从而使高校内部管理制度切切实实地实现有法可依。健全管理规章与制度可以规范高校内部的行为，确保教学秩序、学术纪律和校园稳定；优化高校的管理流程，提高工作效率。建立健全的管理规章与制度可以保护师生员工的合法权益，确保他们的权利得到充分尊重和保障。总之，健全高校内部的各项管理规章与制度是确保高校稳定、高效运行的重要保证。科学规范的制度建设可以促进高校的可持续发展，提升教育教学质量，培养优秀人才，为国家的建设和发展作出更大贡献。

高校在建设内部管理制度的实践中，首先应制定明确科学的学校章程。学校章程明确了高校的办学宗旨、教育目标和使命，为高校的发展提供了明确的定位和方向。它明确了高校的任务和职责，确保高校在教育教学、科学研究、社会服务等方面能够有效地履行自身的使命，兼有明确办学宗旨与任务、确立组织结构与权责分工、规范管理制度与流程、保障师生权益与学术自由、强化规范与透明度的作用。

学校章程应该具备合法性。有关部门必须仔细研究并遵守相关的法律法规，包括教育法、高等教育法和其他相关法律法规；可以征求法律、教育管理等领域的专家意见，以获取关于法律法规的解读、最佳实践的建议等方面的专业指导，确保章程的合法性和实用性。章程的制定应该广泛地征求学校内部各方利益相关者的意见和建议，包括师生员工等，可以通过听取意见、开展座谈会、征集建议书等方式，确保充分听取各方的声音。制定章程需要明确的决策程序和流程，可以通过设立专门的工作组或委员会来负责章程的编写和修改工作，确定章程草案的起草、审议和决策程序，确保程序的透明性和合法性，将确定的章程草案进行公示，让师生员工及其他利益相关方有机会对其内容提出意见和建议。章程要体现针对性，即内容和规定能够与高校自身的特点、定位、需求和发展目标相符合，结合当下亟待解决的具体建设问题，以促进高校的健康发展。章程还应该符合可操作原则，其内容和规定要具体明确，符合实际情况，具备实际可行性，能够在高校内有效执行和实施，同时考虑实施步骤、监督机制和定期评估等因素，以确保章程的有效运行和适应性发展。

不断建设完善高校党委领导下的校长负责制，明确高校党委和校长在决策、管理和监督等方面的权责分工。党委作为高校最高领导机构，应确定校长的职责和权限范围。在重大决策事项上，党委应组织集体决策。校长作为高校行政管理的负责人，应参与党委的决策讨论和决策过程，并及时向党委报告工作进展和决策结果，确保校长负责制的程序性和合法性。建立高校党委与校长之间的沟通机制，保持党委和校长之间的密切联系。通过定期召开党委会议、座谈会等形式，充分交流意见和信息，确保党委了解校长工作并提供指导。

改革我国高校的基层学术组织结构要确定整个学术组织结构的发展目标和愿景，为后续的资源配置和功能确立提供指导；根据整体目标，对各个学术组织单位（如研究所、中心、系、学院）的资源需求进行分析，并制定优化的资源配置计划；针对每个学术组织单位，制定明确的目标定位与专业特色；为每个学术组织单位明确功能与职责，使其与整体目标相一致。

教师岗位分类管理和公开招聘制度对高校内部管理体制建设具有重要意义。教师岗位分类管理有助于有效管理教职工队伍、优化资源配置、把优秀的教师集中到教学岗位上；公开招聘制度能够促进招聘过程的公平、公正，提高教师素质，促进学术交流与合作。

高校可以设立教师岗位分类管理机构，负责对教师岗位进行分类、管理和评估工作；建立健全公开招聘制度，确保招聘程序的公开透明，同时，应建立专业化的招聘团队；高校可以与企事业单位建立紧密的合作关系，通过深入了解社会对教师的需求，为招聘和岗位分类提供更准确的指导。

二、正确调整权力结构，强化学术权力

（一）行政权力和学术权力要适当分离

我国高校内部大致可分为政治权力、行政权力、学术权力三种权力。学术权力与行政权力的适当分离可以保障教师和研究人员的学术自由，确保学术研究、教学评估和学术评价的公正性和独立性，这是高校内部开展独立思考、研究和创

新所必需的基本条件，有助于培养学术的独立性和创造性。在现代高校中，学术研究和教学工作越来越专业化和复杂化，需要更加专注的学术环境和氛围来推动学术进步。通过行政权力和学术权力的适当分离，可以为学术活动提供更加灵活、自主和有效的组织和管理体制。

高校中的行政权力和学术权力需要有明确的界定，要做到党政分开、责任明确。学术权力机构负责学术决策和管理、学术评估和认证、学术人才引进与培养；党委制定学校的党务工作方针政策，负责党风廉政建设和纪律监督，对师生进行思想政治引领；行政组织负责学校管理与资源配置、学校规章制度与法律事务、教学支持等。

（二）厘清行政性事务与学术性事务

一般而言，凡是在高校中涉及党建、思想政治等工作，组织机构的设置与教师人事的任免、学校的改革总体规划以及高校制度体系的制定，应完全交由党政机构来完成；凡是涉及教学、财务、后勤等事务管理的，应交由熟悉教育规律和学校管理的人员组成的行政权力机构来实施；凡是涉及学科建设、专业设置、教学计划、科研方向等学术领域的决策和管理，应交由专家、教授所组成的学术委员会等学术权力机构来负责。

（三）强化学术管理机构以及学术人员在高校管理中的地位和作用

我国高校必须加强学术委员会、教授委员会等机构和组织的职能作用，使它们能够各自发挥其独特的职能，赋予学术委员会、教授委员会在有关学术性事务上的决策权利和在行政事务上的咨询和建议权利。

高校应充分发挥政治、行政和学术这三类权力组织的长处。从未来高校的改革要求和发展趋势上看，行政管理与学术管理都应该向知识管理的方向发展。一方面，要求在组织体制上尽可能实现学术权力与行政权力的最佳结合；另一方面，高校的各级领导和管理人员，需要同时具有学术与管理的两重文化背景。

三、推进我国高校学院制建设，扩大学院的自主权

（一）实行学院制的竞争优势

1. 促进资源基础的多元化和生态化

学院制将原本分散在不同部门或系的资源集中到学院管理之下，学院内的成员（包括师生、研究人员等）可以更加全面地参与资源的开发、利用和管理，而

不是仅局限于某个特定部门或系。这种内部成员的多元化机制有助于促进更好地利用和开发资源，增强学院的整体实力和竞争力。

学院制允许各个学院根据自身特点和需求，开辟适合自己的资源开发路径。不同学院可以根据自身的优势和需求，制定不同的资源开发策略和计划，从而形成多样化的资源开发方式。这种资源开发路径的多元化机制有助于提高学校整体的资源利用效率和竞争力，同时也能更好地满足社会和时代的需求。

学院制赋予各个学院一定的自主权和自治性，使得学院内部能够根据自己的实际情况和需求主动开展与外部资源机构的合作与竞争。学院可以根据自身定位和发展目标，主动与其他高校、科研机构、企业等外部资源机构建立合作关系，共同开展科研项目、人才培养等合作活动，并通过竞争获得更多的资源支持。

2. 促进基层学术组织的能力提升

在学院开发资源的过程中，需要不断提升和整合教职员工的能力，以满足资源开发的需求和挑战。教职员工在学院资源开发中扮演着重要的角色。他们是资源开发的主要参与者和推动者，他们的能力水平直接影响着资源开发的效果和成果。学院制为教职员工提供了多种多样的合作渠道。教职员工可以与其他高校、企业、政府机构等建立联系，开展人才培养、科研项目、技术转移等合作活动。

通过与不同组织进行合作，教职员工可以了解到其他组织的先进经验、最新技术、创新思路等，并将这些信息与本学院的教职员工分享，促进知识、技术的交流和合作；教职员工可以与其他组织建立产学研（产业、学校、科研机构）联合实验室、技术转移中心，共同研发科技成果，实现科技转化和创新；还可以共同开展社会服务和人才培养活动，推动教育、科技与经济社会的深度融合。

3. 促进基层学术组织形式的健全与完善

学院制将高等院校的管理权力从高校层面下放至各个学院，建立了学院内部的权力结构和组织架构，并明确了学院的功能定位和发展目标。在传统的管理模式中，决策管理和资源分配主要由高校层面的行政机构来负责，学院作为执行单位的角色较为被动。而学院制通过组织分散和权力下放，赋予学院一定的自主权和自治性，使得学院能够更加灵活地进行管理和决策，并根据自身需求和特点开展资源开发和合作，灵活应对变化的教学科研环境和需求。

（二）实行学院制的关键

1. 学院制更容易实现对个体潜力的认识和挖掘

在高校教育中，学院作为一个相对较小的组织单元，相比整个大学而言，更容易实现对个体潜力的充分认识和挖掘。相较于整个大学来说，学院的规模相对较小，管理层次相对简单，对每个个体的关注度更高。在学院层面上，教师与学生之间的师生关系更加密切。学院可提供更便利的学术交流平台，教师能更深入地指导学生，了解学生的学习需求，并针对个体差异进行相应的教学安排和评估。这种紧密的师生关系为教师发现、认识和挖掘学生的个体潜力提供了更好的条件。

2. 学院制的关键在于改进和完善学院决策机制

学院权力的合法性和民主性对强化高校内部体系建设至关重要。学院只有建立了民主的决策与监督机制、教职员工集体决议制度以及相应的决策与监督机制，并且在决策过程中充分考虑了教职员工的意见和权益，才能够获得相应的权力。在这样的基础上，学院权力的行使才能得到广泛认可和支持，也能更好地促进学院的健康发展。校院两级的组织监督与程序设计可以确保学院内部的决策过程具有民主性，确保学院决策的合规性和科学性，为学术组织的稳定提供支持，促进学院的发展。

3. 学校指导模式是学院制发展的重要内容

学校在学院制模式下负责组织和管理各个学院以及其他职能部门，并对学院和职能部门的工作进行监督和评估，协调各方之间的关系，以确保该体制按照学校的方向和要求进行运行。学校需要提供资源和支持，以确保学院和职能部门的正常运行。同时，学校还负责制定学校整体发展的战略规划，为学院提供指导。

学校的主要任务之一是协调学校、学院和职能部门之间的利益关系。不同的学院和职能部门可能有不同的利益诉求，学校需要平衡各方的利益，调动资源，解决利益冲突，以实现整个学校系统的协调发展。学校还需要建立有效的沟通机制，促进交流和合作，确保各个部门间的协同工作。

要促进从学校相关事务决策与执行部门向学院相关事务指导与监督部门的职能转变，学校可以考虑以下改变管理方式的方法。

学校可以通过授权和委托的方式，将更多的决策权和自主权下放给各个学院；可以建立学院参与决策的机制，如设立学院代表参与学校决策的会议或委员会。学校应该加强与学院之间的沟通与交流，建立良好的合作关系、有效的评估和反馈机制，对学院相关事务的执行进行评估和反馈。此外，学校还应该为学院提供相关的培训和支持，以提升学院的管理和决策能力，促进校级职能部门转变为具体的事务指导与监督部门，提升学院的自主性和责任感，实现学校与学院间的良性互动与合作，推动整个学校体系的协调发展。

学院制对解决学校层面权力过于集中的问题有显著作用，有助于实现分权与自治、提升效率与响应速度、激发创新与发展以及促进多元发展。通过学院制的改革，可以实现学校内部权力的合理分配，提高学校的管理效能和发展活力，促进学校整体水平的提升。

四、构建高校新的组织运行模式——去行政化管理模式

（一）行政化管理的弊端

政治组织在高校中的行政机构化意味着建立了一套类似政府机构的组织结构和管理体系，使得高校内部的决策与管理更加规范和集中，进一步强化了行政化的倾向。政治组织将高校的事务纳入行政管理范畴，使得高校内部的各项工作更多地以行政方式进行组织和管理。行政事务化意味着高校内部的各项决策和运行更加依赖于行政程序和行政体系，而行政手段往往注重规范性和效率性，这种事务化的特点进一步加剧了高校的行政化程度。

在高校内部，政治组织的行政机构化、行政事务化和行政身份化使得高校内部的管理更加依赖于行政程序、行政体系和行政手段，较少关注学术和教育领域的自主性与创新性。行政化管理的方式会对学术人员的学术权力作用的发挥产生重大影响，因为这种管理方式往往以权力结构和决策机制为基础进行组织和运作，注重目标导向和绩效评估。在此模式下，行政领导层通常掌握着较大的决策权和资源分配权，而学术人员则处于相对被动的地位；定量指标和成果输出又容易使学术人员的工作受到评估体系的约束，导致其呈现追求数量和短期效益的倾向，对于长期深入的学术研究和创新思维的培养造成一定的压力。

（二）党委领导下的校长负责制

一元化的高校权力结构意味着权力高度集中于行政层面，决策权和资源分配权高度集中在少数人手中。这种集中式的权力结构削弱了学术人员的参与决策和资源分配的权力，限制了他们对学术事务的自主性和自由度。因此，我国高校应坚持“分权平衡性、强化民主性、突出学术性”的原则，设计并构建“去行政化”管理模式。

实现高校的“去行政化”，借鉴优秀经验，制定适合中国国情的高等学校运营方式，应从加强学术自治、建立民主治理机制、分散权力和责任、加强内外部评估机制几个方面入手。高校应该重视学术自治，建立健全学术决策机制和参与

机制，尊重教师的学术权威和独立性；高校权力应当分散到各个层级和部门，避免权力过于集中，建立健全的内外部评估机制。

（三）去行政化的组织运行模式

1. 应该建设具有高水平、高素质的领导团队

为了实现科学、民主、规范管理，提高教育质量和办学水平，我国高等学校的行政组织机构应该进一步改革，关键在于分离决策组织、执行组织以及监督组织。传统高校的行政体制中，决策权常常集中于一些人手中，这样容易导致决策不民主、不科学、不透明。通过将决策权下放或者分散给多个部门或层级，能够增加参与决策的各方的意见和建议，减少一己之私的影响，从而更好地制定出符合高校实际情况和发展需要的决策。将高等学校的执行组织独立于决策层，有利于行政管理的专业化和高效性。执行组织应当根据决策层的指示和要求，负责具体实施各项工作，保证决策的落地执行。通过分离决策和执行，可以避免行政决策的过多干预和滥用权力的问题，提高高校行政管理的透明度和效能。监督是保证高校行政组织公正、规范运作的重要方式。将监督组织从决策和执行组织中独立出来，能够有效防止内部腐败和滥用职权的问题，维护高校的公信力和形象。监督组织可以通过对决策和执行的监督检查，确保高等学校的行政行为符合法律法规和学校制度的规定，促进高校内部管理的规范化。

党委领导下的校长负责制度确实能够保障高校发展与国家要求相统一，但党委领导下的校长往往需要承受政治考核的压力，将党建工作作为首要任务之一，并将其纳入学校各项重要工作的考核指标中，仍难以避免管理中“服从上级”的问题。

2. 建立学术委员会、教授委员会，实行教授治学

随着教育改革的深化，高校学术组织的作用得到进一步发挥。《中华人民共和国教育法》第四十二条中规定，高校设立学术委员会，审议学科建设、专业设置、教学和科学研究计划方案，评定教学、科学研究成果。学术委员会和教授委员会是高校重要的内部机构，它们在高校决策和管理中发挥着重要的作用。高校应制定明确的规章制度，详细界定学术委员会和教授委员会的工作职责和工作范围，把学术委员会和教授委员会的活动范围主要设定在教学、科研、人才培养和维护学术公正等方面，避免它们过多干预行政管理业务；应该完善委员会的日常运作机制，加强制度建设，规范委员会会议和文件处理的流程。

学术委员会和教授委员会的设立是为了保护学术自由和学术民主，赋予其决

策功能，能够充分体现学术权威和学术共治的原则，让学术界的专家和学者参与到高校的决策过程中，确保学术事务的公正性和科学性。将学术委员会和教授委员会设为决策和咨询机构，有助于平衡高校内部的权力结构。通过引入专业化的决策和咨询机制，可以提高决策的科学性和公正性，增强高校内部各方利益的平衡。学术委员会和教授委员会掌握有关学术性事务的决策功能和行政事务的咨询建议功能，能够充分发挥专业性、学术自治、咨询建议和权力平衡的作用，推动高校的学术发展和良好治理。

3. 明晰我国高等学校部门间的管理权利与责任范围

高校党委组织负责解决学校发展路线问题、重大决策问题、干部权责问题等。为了确保不插手学校行政事宜，学校党委需要注意坚持党政分开、管理与服务相结合；强化监督机制，制定权责清单；对党员积极开展教育。党工团组织是为高校的师生服务的，是具有中国特色的机构。党委、团委和工会共同组建了党工团组织，在我国的高等学校中全权负责团员管理工作、党务工作和工会的具体工作计划和安排，并且为各个学院直接服务。

4. 发挥教职工代表大会的作用

《中华人民共和国高等教育法》第四十三条规定："高等学校通过以教师为主体的教职工代表大会等组织形式，依法保障教职工参与民主管理和监督，维护教职工合法权益。"高校教职工代表大会代表学校的教职工民主地对学校进行管理，是使用民主权利的重要表现形式。但是目前来看，有的教职工代表大会的作用很不明显，仅仅听取学校工作总结，程式化地通过各项计划方案，没有真正发挥监督作用。

5. 建立校务公开监督机制

校务公开正是高校管理的重要方面，对于保障公正、透明和有序的校园管理来说至关重要。校务公开是管理者接受群众监督的途径，包括重大决策公开、财务公开、热点问题公开。具体来说，在重大决策公开方面，高校应确定重大决策的范畴、公开决策信息、征求意见和反馈；财务公开方面，高校要公开财务报表、信息发布渠道，完善监督机制；对于热点问题，应及时作出正面回应，公开解释，设立投诉渠道。

需要注意的是，具体的校务公开方案应该根据每个高校的特点和现实情况进行制定。同时，学校行政部门和相关委员会要积极落实公开制度，确保校务公开工作的顺利进行，为师生员工和社会公众提供透明、诚信、负责任的管理和服务。

校长对理事会及党委直接负责，直接领导、管理学校内的各个部门机构。尊重校长的自主权力可以激发高校的办学积极性，推动教学质量和学术水平不断提升，并在行政效率、责任意识和资源配置等方面产生积极的影响，有助于高校实现全面发展和提高整体竞争力。

政策有效性是院校“去行政化”的前提，政策应当建立在充分调研和分析的基础上，尊重高等院校的特殊性和差异性，强化评估和监督机制，加强信息共享和沟通。同时要妥善处理管理层新老交替问题，平稳过渡、合理安置、经验传承、培养接班人才和建立合作机制都是重要的考虑因素。通过多方沟通、协商和合作，实现新老管理层的有效衔接，为高校的可持续发展奠定良好基础。

第三节　高校课程管理体制改革研究

一、健全高校课程的宏观管理机制

（一）完善课程管理与评估机制

1. 转变高校课程评估管理体制

课程评估是高校课程管理系统的根本，它不仅可以检验课程设计和实施效果、促进教学改革和创新、改善教学环境和氛围、优化课程体系和结构，还可以促进师生互动，提高教学质量和教学效果。因此，高校应该重视课程评估工作，积极落实课程评估制度，不断完善评估机制和方法，推动高校教育质量的不断提高。

多元主体共同参与课程评估是保证课程评估客观性、真实性、全面性和准确性的重要手段。在实施课程评估时应该充分考虑多元主体的意见和反馈，采用多种评估方法和指标，形成全面、准确、客观、真实的评估结果，为提高教育质量和促进教育改革提供有力支持。因此，务必实现课程评估多元主体的共同参与。

伴随着社会的变迁，高校之间的竞争愈发激烈，学生的主体地位也日益凸显，学生在课程评估中不再是被动的对象，而是积极主动的参与者。课程评估不仅能够帮助教师改进和优化课程，提高教学质量和效果，还能激发学生参与和学习的动力，促进教师个人专业发展，并增进教师与学校和同行之间的交流与合作。

社会力量和社会观点能够提供来自不同背景和角度的反馈和观点。在面向社会自主办学的背景下，高校课程评估需要考虑广大社会群体的需求和期望，以确保人才培养质量符合社会发展的要求。社会力量和观点反映了社会对教育目标、内容和方法的要求和期待，能够帮助高校更好地调整和改进课程，增强其适应社会发展的能力。

社会力量和社会观点能够提供对职业需求和社会需求的洞察和反馈。高校的课程评估需要与社会接轨，紧密关注就业市场的需求和社会发展的需求，确保培养出符合社会需要的人才。社会力量和观点可以帮助高校更好地调整课程设置、内容和教学方法，使之与社会需求紧密匹配。

政府可以要求高校及相关教育机构将课程相关信息公开，包括课程设置、教材选用、教学方法等。这样可以让社会力量更好地了解和评价课程的质量和效果，提供有针对性的建议和监督；也可以设立独立的评估机构或建立评估平台，为社会力量提供评估工具、方法和指南，以帮助他们进行课程评估与监督工作。同时，政府还可以通过这些机构或平台公开发布评估结果，增加其公信力和影响力。政府可以鼓励并支持各类社会组织，如教育专业协会、学生组织、家长委员会等，参与课程评估与监督工作；建立反馈机制，及时回应社会力量的评价和建议，包括设立投诉渠道、接受意见和建议，以及回应社会关注的问题和热点，增强社会力量在课程评估与监督中的参与感和满意度。

2. 建立课程分类评估的管理机制

课程分类评估管理机制对评估标准的清晰化非常重要。它能够提供明确的指导，保证评估的公正性和客观性，促进教学改进和提升，同时也保障教育质量和学生的权益。不清晰的评估标准或单一的评估指标会使评估结果严重缺乏说服力。清晰的评估标准是高质量教育的基础，有助于构建一个科学、有效、可持续发展的教育评估体系。

从评估性质角度出发，教育部将高校划分为两大类：一类是已受过院校评估的高校，另一类是未受过院校评估的高校。已受过评估的院校一般是 211 或 985 国家重点高校，基本具有较高的科研与教学水平，面临的是如何进一步提高人才培养质量与课程质量的问题。未受过评估的院校多数是地方院校和新建院校，基本面临如何提高课程质量和教学质量，以及怎样成为合格本科院校等问题。

在对已受过评估的高校（这些高校本身条件、水平、学术侧重都各有不同）是否要进一步分类这个问题上，学者们就分类的意义和可行性、分类的标准和方法，各持不同意见。

一些学者认为，对已经取得了较高地位和影响力的高校进行进一步分类并不能提高教育水平、推动办学质量的提升，反而会带来管理成本和政策风险。他们认为，应该着力推动全国各大高校之间的协作与合作，加强人才培养、科研创新和文化传承等领域的合作。

还有一些学者则持有相反的观点，他们认为进一步分类可以更好地反映高校的实际水平和特点，有利于制定针对性的政策和措施，支持高水平的教育和科研。他们认为，不同高校具有不同的办学特色和优势，应该根据其特点分类、分层管理，促进教育的多样性和选择性。

即使在认为需要进一步分类的学者中，也存在对分类标准和方法的不同看法。有些学者认为，可以根据高校的综合实力、学科建设、人才培养质量等方面来制定分类标准和方法，通过评估和排名等手段进行进一步分类。但也有些学者认为，这种方法可能存在标准单一、数据不全面、评价不公正等问题。他们提出了更多元化、多角度、多维度的分类方法，如以学科群为单位、以政策需求为标准、以地理位置划分等。但不管从哪种考虑出发，学者们都一致认可分类评估机制的正面意义。

3. 建立“管办评”分离的课程评估管理体制

“管办评”分离就是要构建政府宏观管理、学校自主办学、社会广泛参与评价监督的新型教育格局。

（1）政府向高校放权

在高校课程评估中，政府在宏观层面上负责统一评估原则和指导思想，制定相关政策、颁布评估指标。政府向高校适当放权可以激发高校的创新活力和自主性，提高整体教育质量，并在评估工作中发挥监督和指导作用。政府可以通过建立授权机制、引入外部专家、提供指导和支持以及引入市场化机制等方式，促进高校积极参与课程评估，以提升教育质量和满足社会需求。

（2）政府向社会力量分权

政府可以制定政策法规，鼓励和引导社会组织、专业评估机构等第三方参与高校课程评估。政府应当提供充分的支持和保障，包括资金、人员、数据和技术等方面的支持，确保评估工作的公正性和有效性。

课程评估机构在高校课程评估中扮演着重要的角色，能够运用科学、客观的方法，对高校的课程进行全面、系统的评估；提供独立、客观的评估报告，帮助高校发现教学中存在的问题和不足，并提供改进的方向和方法。

（二）转变课程管理行为与方式

1. 转变管理行为，促进高校课程管理民主化

给予高校教师充分的课程管理权是出于提高高等教育质量、激发教师的创

造力和教学热情，并且更好地满足学生的需求的目的。高校教师是具备专业知识和教学经验的专家，给予他们课程管理权能够发挥他们的专业性，根据自己的研究方向和专长设计和安排教学内容，提供更专业、深入的教学。课程管理权的下放可以激发教师的创造力和教学热情。教师可以根据学科发展和教学需求进行创新教学实践，尝试采用新的教学方法和教材，提高学生学习的积极性和效果。

高校建设应该以推动学生的全面发展为最终目标，通过多种途径和方式，全面提升学生的综合素质和能力，为社会培养更加优秀的人才。为了实现这一点，高校和部门管理者应认可学生在课程改革中的地位，在现行体制内为学生参与高校管理留出余地。学生了解自己的需求和问题，积极参与到课程改革和讨论中，能够更好地反映教学过程中的问题，并提出相应的建议和改进方案，从而促进教学质量的提高。高校应该制定相关政策，明确学生参与课程改革和相关教育问题的讨论的渠道和方式，并给予相应的奖励和鼓励；可以邀请教育专家、学者和学生代表等参与到研讨会和论坛中，就教育教学和相关问题进行讨论和交流，促进思想碰撞和智慧共享。

社会参与和监督也有助于高校课程管理的实施。高校可以成立由教育界、行业界和社会各界专家组成的外部专家委员会，负责对高校的课程设置和管理进行评估、指导和监督，提供独立、客观的意见和建议，确保课程的质量和与社会需求的匹配。高校应该建立健全的信息公开和透明化机制，在网站、校园公告栏等渠道及时发布有关课程设置、教学大纲、教师资质等信息，方便社会各界了解和监督。

2. 调整政府管理的内容和手段

（1）调整管理内容

当下，就《普通高等学校本科专业目录》来说，政府干涉往往以统一管理的标准和规范为导向，缺乏一定的灵活性和适应性，这样容易限制高校在课程设计和改革上的创新能力，导致课程内容不易及时调整和更新，进而影响教育教学质量的提升。政府过度干涉课程管理容易忽视市场需求和行业发展趋势。高等教育需要紧密与社会接轨，与行业需求相匹配，如果政府过多地介入课程设置和管理，可能导致课程脱离实际需求，使学生毕业后与就业市场脱节。所以，对于课程内容，政府应减少干预。政府可以通过发布宏观指导性文件或政策文件，明确教育发展的整体目标和方向，引导高校在课程设置和管理中遵循一定的原则和政策导向。同时，政府可以通过放松对高校课程设置的具体要求和指标，给予高校更大的自主权和灵活度。高校可以根据学科特点和发展需求，自主确定课程设置和内容，充分发挥教师的专业知识和创造力。政府可以采取引导性政策，鼓励高校在课程设计和内容方面进行创新和改革，但同时也要建立科学有效的评估机制。评估的重点应该是对教育教学质量和学生综合能力培养的评估，而非过多关注具体的课程设置和内容，让高校从现实条件出发，自行调整专业设置，选择课程建设方式。

政府应重视课程、教学质量评估工作，建立监督机构或者委员会，负责监督高校的课程质量和教学质量，对高校进行定期、全面的评估；出台相关政策和标准，包括课程设置的合理性、教学大纲的编制、教学方法的科学性等内容，明确高校课程设置的要求和教学质量评估的标准，从而提高整体的教学质量；建立统一的数据收集和管理系统，对高校的课程设置和教学质量进行全面的数据收集和分析，及时了解高校的课程状况和教学水平，并针对问题提出相应的改进方案。

实行教材选用机制，落实学校主体地位，鼓励学校在选用教材时注重更新前沿性的知识，促进教学内容的更新与改进。教材是教学的重要工具，对学生的学习效果和教师的教学效果起到至关重要的作用。通过制定教材选用机制，学校能够对教材的内容、质量和适用性进行评估和把控，确保教学质量和学术水平。

（2）更新管理方式

随着社会经济的发展和人口的增长，教育需求呈现出迅速增长的趋势，政府需要从宏观层面进行管理，以确保教育资源的合理配置和供给，保证更多人能够接受教育，实现教育大众化的目标。教育大众化是适应社会需求的重要举措。政府需要通过宏观管理手段，紧密关注社会发展需求和人才培养方向的变化，及时调整教育政策和管理方式，以满足社会对多样化人才的需求。

政府应从根本上改革高校课程管理方式，高校应该在课程设置、教材选用、教学方法等方面拥有更大的决策自主权。政府可以通过法制化手段明确高校的自治权限和责任，改变单一控制的管理方式，将权力下放给学校，仅承担规划政策、提供信息平台、立法、拨款等工作，减少微观干预。

（3）加大财政支持

政府可以加大对高校基础设施建设的投入，为学生提供更好的学习和生活环境；鼓励高校积极参与国家重大科技项目，提供各种形式的经费支持，包括科研设备购置、实验室建设、研究经费；出台相关政策，鼓励高校与企业、政府部门进行合作，实现科技成果的转化和应用，促进经济发展。总的来说，这些措施既可以加强对高校的财政支持，使高校更好地发挥其教学和科研功能，同时又不干涉高校的具体课程设置。

二、完善高校内部课程管理权力制衡机制

（一）保障院系课程管理权力的实现机制

1. 完善院系机构设置，建立课程管理委员会

院校两级同时进行课程管理和资源配置，各个院系自行开发相似的课程，容易导致教学资源分散、资源利用不合理，难以实现优质的教学资源集中和共享。由于院校两级对课程评估的职责重叠，评估标准不统一，不同级别的评估标准出现差异，院校两级职责分工不清，使得教学质量评估缺乏客观性和公正性。

所以，科学的学院机构对院校两级课程管理机制的有效运行来说至关重要。学校可允许每个院系单独成立课程管理委员会，明确其职责和权限范围、与校级课程管理部门的分工和配合方式，包括确定委员会在课程设计、审核、评估等方面的具体责任。课程管理委员会应制定并落实规范的课程审核流程、课程质量评估标准、课程变动申报程序等，明确规定委员会的决策程序、信息沟通渠道和问题解决机制，确保课程管理工作的透明度和公正性。课程管理委员会应与校级课程管理部门保持紧密联系，建立良好的信息共享机制，及时将院系层面的课程管理情况、需求和建议反馈给校级部门，同时接受校级政策的指导，确保院系课程管理与校级整体规划相符。

各个院系可在教务处规定范围内按专业成立培养方案制定小组，根据专业发展趋势和市场需求，制定符合院系专业目标和学生培养需求的课程目标，调研行业需求、分析专业特点，确保开设的课程与实际就业和发展要求相匹配。培养方案制定小组可以协助设计合理的课程结构，考虑课程之间的逻辑关联性和知识层次关系，确保学生能够系统地学习和掌握所需的知识和技能，调整师生与行政之间的管理关系，建立更科学的协商制度，协助课程管理工作有效进行。

2. 明确院校两者之间的关系，赋予院系课程管理权

（1）改变传统的行政管理体制

总体而言，行政管理部门与院系之间的关系是相互协作、相互依赖的。行政管理部门提供规划指导，为学校发展提供方向和支持；院系则负责具体的操作执行，通过落实规划和政策，将学校的目标变为现实。这种分工合作的关系有助于高校管理的科学性、高效性和可持续发展。

（2）赋予院系课程管理权力

院系作为课程教学的实践部门，也应该掌握一定的课程管理权。院系应该掌握课程设置、课程计划、教材选择、教学质量评估、课程改革和创新等权限，根

据学科特点和发展需求，设计出合理的课程结构和内容，确保课程安排合理、学分分配合理，考虑教材与课程目标的契合度、教材的质量和价格等因素，建立有效的评估机制，收集师生的反馈意见，及时发现问题并采取相应的改进措施，提高教学质量和学生满意度。

（二）建立教师参与课程管理的激励机制

1. 实行本科生课程教学质量酬金机制

评定方必须制定清晰的课程教学质量指标和评估标准，包括学生评价、同行评估、教学反馈等多个方面，确保指标和标准的科学性和客观性，使其符合教师的教学质量标准；确保评估过程公开透明，让教师了解评估的具体流程和标准，可以组织专门的评估委员会或小组负责评估工作，组成人员应具备专业知识和经验，确保评估的公正性和客观性。

在制定酬金机制之前，征求教师的意见和建议，并将其纳入考虑范围。了解教师的需求和期望，确保机制的合理性和可接受性；不仅仅依靠学生评价，还可以结合同行评估、教学档案、科研成果、教学创新等多个方面对教师进行综合评估，避免对单一指标的过度依赖，确保考核方式的全面性和准确性。

2. 实行研究生课程教学质量酬金机制

研究生导师需要具备更高的专业知识和实践能力，通常更加注重学术研究和科研成果的产出，研究生教育需要不断创新和改革。因此，课程教学质量酬金机制应将科研成果的贡献度（如教师指导学生发表高水平论文、获得科研项目等成果）、教师专业知识储备和实践能力的评估（教学科研成果、专业培训、学术会议报告等）、教学改革和创新纳入评估范围，作为评价教师教学质量的重要指标。达到标准即可提交申请，由学院自行遴选，给予相应的薪金。

（三）构建学生课程管理权力的实现机制

1. 构建“课程共有”模式

在当前高校课程管理实践的发展趋势下，有学者提出了“课程共有”的观点，即教育各方在课程权力分配上形成平等式的“朋友”关系，在课程权力分配的决策过程中，政府、高校、教育行政管理部门、教育学者、教师、学生和家长应该平等地参与，通过各种形式，共同决定课程的设置和实施。各方应该尊重彼此的权益、需求和意见，并建立起相互信任的关系，尊重彼此的专业知识和经验，摆脱传统的单向控制式“命令－服从”关系，共同为教育的发展贡献力量。

实质上，课程内容安排和课程编制实施都应该考虑学生的意见和建议。首先，课程内容的选择需要考虑学生的需求和兴趣。教师应该了解学生的个性、学习目标和兴趣爱好，以便为他们提供相关和有意义的课程内容，通过让学生参与课程制定的过程，可以更好地满足他们的需求，提高学习的积极性和主动性。其次，课程编制和实施也需要学生的参与和互动。在教学中，教师应该创造各种机会，鼓励学生积极参与课堂讨论、小组活动和实践实验等。通过与教师和同学的互动，学生可以更深入地理解知识，锻炼解决问题的能力和养成批判性思维，并从中获得更多的学习经验和技能。

在课程管理中，教师应合理引导学生提出自己的观点。教师应该促进学生积极参与课程管理，学会提问和引导讨论，提供反馈和激励；鼓励学生提出自己的观点，并确保他们感到自己的观点得到了重视，教师可以提供一个开放和包容的学习环境，鼓励学生表达自己的想法和观点；可以使用开放性的问题来引导学生思考和表达观点，通过提出有针对性的问题，帮助学生深入思考，并激发他们的讨论和思辨能力。

教师是引导者和指导者，在学生提出观点后，应给予适当的反馈和激励。教师可以肯定学生的观点，给予鼓励，同时也可以提出建设性的批评和指导，帮助学生进一步完善和发展自己的观点。重要的是给予学生充分的参与和表达的机会，并创造一个鼓励和尊重不同观点的学习环境。

研究表明，学生参与课程管理，对提高学习动机和积极性、促进深度学习和理解、提升自主学习和学习能力都有很大帮助。通过参与课程管理，学生可以更加主动地参与学习过程，感受到自己对学习的主导权和责任，这种主动性和责任感可以提高学生的学习动机和积极性，使其更愿意主动参与学习活动，并更有动力去探索和掌握知识。学生参与课程管理时，需要思考和分析课程内容，并与教师和同学进行讨论和交流。这种深入的思考和交流促进了学生对知识的深度理解和应用能力的培养。通过参与课程管理，学生可以培养自主学习的能力，他们需要主动收集和整理资料，制定学习计划，评估和反思自己的学习成果。自主学习的过程可以提升学生的学习能力，使其在未来的学习中更加独立和自信。

2. 构建师生沟通交往机制

传统的教学模式中，教师通常在课堂上起主导作用，决定了学习的内容、方式和节奏。在师生之间建立起一种平等和开放的沟通机制，使学生有权力参与课程的决策和规划，能够直接影响学生的学习过程。给予学生一定的权力意味着教师需要尊重学生的主体性和个体差异，允许学生在学习中发言、提出问题、表达观点，并认真倾听和回应他们的声音。这样的互动可以促进师生之间形成更加密切的关系，增强学生的参与感和责任感。通过让学生清晰地表达自己对课程的期望和需求，教师可以更好地了解每个学生的学习需求和兴趣，从而更好地满足他们的学习需求和培养他们的学习动力；学生也能够更加自主地选择适合自己的学习方式和内容，提升学习效果和成绩。

教师也应让学生明白无误地理解课程安排和管理的意义、评教内容与目的等。教师应该清晰地解释课程安排，向学生强调课程管理对他们学习成果的重要影响，并向学生介绍高校课程管理的背景和目的，鼓励学生参与课程管理和评教的过程。教师可以通过课堂讲解、教材解读、课程大纲等方式，向学生传达重要的课程信息，并解答学生对课程安排的疑问。合理地解释课程管理是为了更好地组织学习资源、提供学习支持和反馈，以促进学生的学习效果和发展。通过说明课程管理对学生个人成长和未来发展的积极影响，可以增强学生对课程管理的认同和重视程度。

教师可以邀请学生分享自己的观点和经验。通过与学生的互动和讨论，帮助学生深入理解课程管理的意义，并培养学生对教育质量的责任感和参与意识；通过具体案例和实践机会，让学生亲身体验到课程管理的重要性和实际效果。例如，可以邀请学生参与课程设计、评估和反馈的工作，让他们亲身感受到他们的意见和建议对课程和教学的改进有着积极的影响。

教师应该及时给予学生评教内容和目的的反馈，并在必要时进行进一步的解释和说明。师生双方关系平等，共同商讨合理的、有针对性的评教方案，以及科学的评教指标。高校评教工作完全由高校行政人员负责会使教师无从得知学生对课程的观点和期待，学生也没有机会理解评教的意义和目的。这种信息不对称容易造成师生间的隔阂、误会，甚至抵触心理。赋予学生一定的参与权有助于化解这种矛盾，促进学生与教师积极沟通，最终协助提升教学质量。

第四节　高校科研经费体制改革研究

一、高校科研经费管理中的问题

（一）重科研数量轻质量

1. 重视科研立项，轻视科学研究

在我国现行体制下，科研项目的立项数量及金额关系到高校的收入和排名，也关系到教师职称评定及工资收入。高校的科研经费分配一般更倾向于重点高校及其科研人员。每年，各学院初审申请人的科研项目申请书，然后将所有通过初审的项目申请书由学院统一交到学校。学校审查通过后，按照相应的渠道上报给国家自然科学基金委员会或者人文社会科学基金委员会。最后，基金委员会组织专家组进行评审，对每一项科研项目申请给出能否立项的建议。

这种科研项目申报机制由行政主导，科研经费的获取并不容易，不少研究项目持续申请多年也仍未获批。科研管理部门比较注重统计科研立项的数量、立项规模、到位经费等方面，缺乏成果追踪考核，从而造成重立项而轻研究的问题。

2. 科研项目预算编制不够健全，缺乏约束力

高校在预估科研经费具体数额时，往往只参考项目负责人或科研经验丰富者的意见，而较少考虑财务人员的意见。但是，前者关注的更多是科研内容和目标的实现，对财务方面的了解相对有限。缺少财务人员的参与，可能会导致预算中遗漏一些开支、费用估算过高或过低，从而影响整体预算的准确性。缺少财务人员的参与，难以进行全面的资金分析和合理的分配决策，预算可能过于偏重某个方面，其他重要的科研需求得不到充分满足，甚至可能导致项目运行中出现资金短缺或浪费的问题。财务人员在项目执行阶段能够及时监控和掌握项目的资金使用情况，对于项目经费的流向和使用效果能够进行有效的跟踪和评估。缺少财务人员的参与，项目预算的监控和调整将变得困难，项目的资金使用情况难以得到有效的掌控和管理。财务人员能够从财务风险的角度审视预算，对项目可能遇到的风险进行评估和应对策略制定。缺少财务人员的参与，无法全面考虑项目运行中的风险并及时采取相应的措施，会增加项目失败或经费浪费的风险。

（二）高校经费管理制度滞后，纵向和横向管理制度不平衡

1. 科研经费管理办法在实际运行中具体执行难度大

国家和社会层面给予的科研资金都不是科研人员的私人财产，故此应由高校财务统一管理。将纵向和横向的科研资金都纳入高校财务，可以实现统一管理和综合利用，提高资源的有效配置和利用效率。通过集中管理，可以更好地整合各类科研资金，避免重复申请、重复使用，减少不必要的行政和财务手续，节约时间和人力成本。高校财务部门具备专业的财务知识和经验，能够确保科研资金的财务管理符合相关法规和规范要求，提高资金使用的透明度和合规性。实行统一管理可以加强对科研资金的审核、监控和内部控制，防止违规操作和滥用资金的情况发生。

尽管国家已出台了一批科研经费管理办法，但仍然很难完全落实。科研经费管理涉及多个部门、机构和层级之间的协调与合作，容易出现信息不对称的问题；经费的分配存在着一定的资源不均衡现象；科研经费管理需要专业的财务知识和技能，但在一些科研机构中，财务人员相对稀缺，非财务人员对于财务管理的了解有限；如果监管不到位，对违规行为缺乏及时的发现和处理，也容易导致在执行过程中出现问题。有些学校仅仅名义上实行“课题组负责制”，实际上依然是部门完全掌管经费，更有高校自行扣除部分管理费用，财务部门仅负责核销手续。

无论是有关部门还是科研者本身，都应该谨守“合理合法、专款专用”的原则，在国家法律法规和规章制度的范围内，合理运用科研经费，提高经费管理水平。

2. 科研经费管理政策法规的修订和调整不及时

高校科研经费的预算分配通常是由国家、地方政府或学校内部进行安排，预算分配的限制可能导致科研经费无法及时跟上时代和社会发展的需求，无法满足新兴科技领域的研究需求。高校科研经费的管理体制和流程不够灵活就难以适应快速变化的社会和科技发展，传统的管理模式和手续烦琐的审批流程会大大延迟决策和执行，无法及时响应科技创新的需求。很多经费标准已经难以满足出差教师（特别是一些开销大、成本高的野外作业科研项目）的需要，严重挫伤教师的积极性，阻碍了科研进度。科研经费管理制度需要与时俱进，不断进行修订和更新。然而，一些高校缺乏有效的制度更新机制，没有建立起灵活、透明和高效的科研经费管理制度，制度无法适应社会和科技发展的需求，导致管理制度和费用标准滞后于时代。近年来，有关部门大力推进体制改革，简政放权，有了明显成效，但部分地方的微观举措仍不够到位，尚未完全放开许多纵向科研项目的预算调整审批权。

3. 科研经费分配体制不合理，限制过多

现行科研经费管理体制是少数管理人员掌握大部分科研资源的体制，资源分配和项目审批之间的制约作用非常有限，这种局面滋生了许多科研工作中的人情问题，给科研人员带来许多无奈。从宏观角度来看，科研经费管理统筹协调机制中存在多头管理的问题，导致科研经费管理过程中流程冗长、审批环节多、决策周期长，经费申请需要经过多个管理单位的审核和批准，科研项目的立项、资金申请和使用等都难以按时完成，严重影响科研人员的工作效率和科研项目的进展。此外，多头管理容易缺乏整体的统筹规划，以及管理责任不清晰，各个管理单位之间或缺乏协调和合作，或出现推诿扯皮的情况。这样就难以对科研经费进行有效的整合和优化利用，造成资源的浪费和重复建设，当出现问题或争议时，很难追溯到具体的管理责任。还有个别单位和个人借助不正当途径独揽科研资源，滋生腐败，影响恶劣。这样下去，政府的管理作用会受到破坏，高校部门的管理功能也大打折扣，严重阻碍科研人员积极性的调动和学术的进步。

（三）科研经费审计监督机制和绩效评价体系不完善

1. 监督机制不健全

在相关主管部门对高校的各种排名或评估中，如教育部对各高校申报新增硕士点和博士点的评估，对各高校具有研究生培养和学位授予资格的一级学科评估等，各高校年内获得科研经费的数额在评价指标体系中均占很大的比例，这就促使一些高校尽量做大科研项目的规模，想方设法提高申请科研经费的数额，而对于科研经费的实时监督和有效管理的重视程度偏低。

2. 考核指标不合理

一部分高校在安排考核指标时将科研项目的级别、争取到的科研经费的数额等提到相当高的比例，因此很多教师（尤其是需要评职称的年轻教师）一门心思放在申报更多、更高级的项目上，反而不重视科研成果本身。过高的考核比例会给教师带来极大的压力，迫使他们将更多的精力放在争取高级别的科研项目和大额经费上，以满足考核要求。这种情况下，教师可能过度关注外在的评价指标，而忽视了实际科研成果的质量和影响力。过于强调项目级别和经费数额容易助长短期效益导向的心态。教师可能更倾向于追求眼前的荣誉和奖励，而忽略了科研成果的长期发展和实际影响，导致教师把更多精力投入追逐项目资源和经费，而不是深入研究和创新。

如果只看重项目级别和经费数额，而忽略了对科研成果本身的评价，就会导致评价体系失衡。科研成果是衡量教师研究能力和学术水平的重要指标，但过度强调项目级别和经费数额可能让教师将更多精力放在申请项目上，而不是深入研究和取得实质性的科研成果。为避免高校教师忽略科研成果本身，考核制度应该综合评价教师的科研项目质量、经费使用和科研成果等多个因素。除了项目级别和经费数额，还应注重对科研成果的学术影响、创新贡献以及学术交流和合作等方面的评价。这样可以更全面地激励教师在科研过程中追求卓越，并保证科研的质量和可持续发展。

3. 缺乏科研项目中期结题评估和结题绩效评估

高校的科研经费管理不重视监督检查获批项目的科研开发过程，这其实是一个很明显的漏洞。对科研项目中期进行监控和结题评估可以帮助高校提升科研项目的管理能力，有助于高校优化资源的配置，帮助高校进行科研项目的质量控制和风险管理，促进科研成果的转化应用。通过定期监控项目进展和评估结果，教职员工可以及时发现项目困难和问题，并采取相应的措施进行调整和解决，确保项目按时高效地完成；及时调整资源的分配，向有潜力和表现良好的项目倾斜更多的资源，从而提高科研项目的质量和影响力；发现潜在的风险和问题，并采取相应的措施进行预防和应对，减少项目失败的风险，提高整体的科研项目质量；通过评估项目的进展和成果，可以及时发现具有商业化或社会应用潜力的科研成果，并为其提供相应的支持和资源，推动科研成果转化为实际应用，增强高校的科技创新能力和社会影响力。

中期结题评估可以对科研项目的经费使用进行指导，为科研项目的经费使用提供警示，修正科研项目经费的使用。通过评估项目的进展和成果，可以了解项目所需的经费是否足够，是否符合预期目标，发现项目中存在的潜在问题，从而为科研经费的使用提供参考和指导。如果项目经费被滥用或者存在不合理的使用情况，中期评估可以及时发现并提出改进建议，以确保科研经费的有效利用。如果中期评估发现项目经费的使用与初期计划存在偏差，相关部门可以根据评估结果进行调整和修正。例如，适当增加或减少经费的投入，重新分配资源，以更好地支持项目的顺利进行来最终实现研究目标。当前，部分高校不够重视中期结题评估，未能发挥其指导警示作用。

科研项目结题后的结题管理也是一项非常重要但经常被忽视的工作，但同样缺少。科研项目没有系统化的绩效评估系统，仅仅依靠简单的成果检查进行检验，科研经费的使用情况、管理效果以及最终成果无从评价，使项目的综合考核效果大打折扣。

二、高校科研经费体制改革问题的解决

按规矩办事是大学办事的前提和基础，一定要切实把规矩先立起来，要充分认识到问题的严重性，牢固树立负责人观念，科研经费的使用是否合乎规范、管理是否存在漏洞、是否被钻空子等，都要严肃认真对待，解决暴露出的问题。面对高校科研经费管理中存在的问题及原因，从高校财务管理人员的角度出发，应从以下几个方面着手。

（一）精细编制高校科研经费预算，加强预算执行情况监督

1. 建立综合部门，实行统一管理

高校应由财务、审计、科研、设备、纪检部门共同组成综合管理办公室。综合管理办公室人员要有比较高的专业素质，具备指导科研人员处理经费事务的能力。

综合管理办公室负责管理课题经费，并对其进行严格的预算审核，监督科研项目经费预算编制及执行情况，对科研设备进行登记和管理，对科研经费日常使用进行核算，对科研经费进行监督检查，为广大科研人员实现一站式服务，节约时间，提高办事效率。

2. 增强科研项目经费管理的可操作性

实行由综合管理办公室管理科研项目预算的编制，既能贯彻执行财务管理制度，又适应高校科研管理的情形，具有很强的实际可操作性。在科研经费的使用过程中，对项目比较重大、经费使用数额也比较大的科研小组，可以配备专门的财务人员，协助项目负责人填写申报合同书或任务书，确保科研经费开支的有序性和计划性。这样，在科研项目验收阶段、财务结算阶段才能全面反映项目预算执行情况，并在科研项目结项时进行绩效考评，对科研项目验收结题后资产的收益分配、结转、处置等进行各项考核。

（二）加强科研经费核算，重视横向经费的核算制度

高校对科研经费管理应进一步建立和完善内部控制和监督制度。科技、财务、审计应形成相互促进又相互制约的监督体系，明确纵向、横向课题资金都是高校科研资金的重要来源，而不是项目负责人个人财产。

1. 建立健全高校、院系、课题组三级联合有效管理制度

科研经费用途、使用范围和开支标准必须按照项目合同书中的约定执行。以某高校为例，科研项目已经获批，拨下来的科研项目经费一般由财务部门统一管理，科研活动的各项支出由项目负责人签字后，经手人需持发票到财务部门报账。财务核算人员应当根据合同的要求，对科研经费的使用情况把好关，保证科研项目顺利完成，根据高校科研经费日常管理的要求，按照科研项目负责人同合作单位签订的任务书或合同书，建立科研经费管理的内部核算、审计和外部监督检查的体系。财务部门应设立专门的岗位对科研项目的日常报账发票进行核算。财务报账窗口比较多，每个核算人员对核算的掌握有所不同，人员提供的报账信息又有一定的差异，处理方法不同，在汇总时，问题就显现出实质性的差异。

2. 财务部门记账后，由审计部门进行事后财务审查

审计部门应及时发现财务问题，并及时予以纠正和警示。如审计部门对财务部门检查中存在的科研项目经费报销大量招待费、差旅费，而且多次报账，多达十几、几十万元，其目的是套取现金等诸多问题。

如果有外部审计部门加强监督，建立强有力的财务管理机制，提示内部核算人员及时调整核算方法，采取对报账人员的制约措施，并进行宣传、解释和贯彻，就能有效防止项目负责人和一般科研人员违法、违纪的行为。

（1）加强科研经费预算管理

高校应提高科研经费预算的科学性，这直接影响科研经费使用的有效性。为使科研项目申报人能按照国家法律、政策、法规合理地填报科研经费预算，综合管理办公室可以指派专业人员指导编制经费预算书，保证按预算书的申请情况开支，既有实际可操作性，又能保证科研项目的顺利进行，使项目经费日常支出和申请预算保持高度匹配。项目负责人按照预算申请书进行支出，不得套取、挪用、挤占科研经费。财务会计核算时要严格根据项目经费预算申请书和科研项目进展情况核算经费的使用，并把科研经费预算的执行情况反馈到高校各院系、科研部门，便于院系、科研部门对科研项目进行绩效考核。

（2）加强科研经费制度建设

科技是第一生产力，我们要进一步促进科研经费制度建设。国家在科研项目审批、立项、经费使用、监管等方面采取措施，重新修订了系列的法律法规，各大高校制定了实施细则，合理规定了科研经费成本、费用支出列支办法，对科研项目的核算办法，科研固定资产折旧、摊销等内容，科研项目如需使用学校资源或各院系设备的，如何核算成本、支付使用费等，这样才能真实反映高校科研项目的成本。财务人员实时掌握科研经费核算信息，使经费报销过程中显露出的问题得到及时制止，对超出财务制度规范要求的报销行为及时审查警告。在财务记账后，审计部门还应经常进行内部核算审计，规范和促进科研单位内部财务会计管理，并应定期聘请第三方中介机构对本单位的财务进行审计监管。

（三）提高科研经费使用效率，优化科研资产管理

由科研、财务、设备、审计、纪检部门共同组成综合管理办公室，综合管理人员监督科研项目预算编制及执行，根据课题经费预算执行情况进行严格的审查。

综合管理办公室还要对资产进行统一管理，对科研项目购入或租用的固定资产做好入账、核算、登记和建档管理等工作。对图书资料、电子设备等低值易耗

品，移动性、流失性较强的资产实时盘查清点，在科研项目结题时及时办理移交手续，避免科研设备个人占有现象的发生。

对于购入的仪器设备，科研项目小组也有优先选择，合理有偿使用，使高校资源共享，避免设备的重复购置。还应加强对科研无形资产的管理，使其及时转化成生产力，如著作版权、专利技术、软件等，积极与社会企业联合，统一进行产学研一体化合作，促进科研资产的保值和增值。

1. 实行科研经费的全成本核算

科研经费的财务管理应由财务、科技、设备、审计等部门联合制定科学有效的科研经费使用管理制度，规范科研项目经费预算编制，使科研经费的使用更加合法、合理、充分发挥效用；将科研项目预算书中申请的科研经费列支数在财务报账时发挥应有的控制、指导、监督作用，以保证科研经费预算管理作用的充分发挥。高校财务部门对科研经费采取财务成本费用核算，建立科学合理的科研经费核算体系，建立科研经费成本、支出的奖罚核算对应机制，撰写科研项目阶段性成本、支出费用分析报告，充分利用高校现有仪器设备，避免资产的流失与浪费，充分落实高校科研经费的成本核算。

另外，加强科研活动日常开支管理，明确列支范围和列支标准。对不同来源的科研经费，根据性质不同采取的经费财务核算方法，按科研经费发票金额明确科研经费审批程序、签字权限及付款方式等，确保科研活动的相关性与其列支的真实性，对于那些报销发票与科研无关的费用坚决予以制止，不给套取高校科研经费的不法者可乘之机。

2. 加强高校固定资产管理

高校对固定资产的管理，尤其是对科研过程中用科研经费购入的固定资产的管理，是不可忽视的，如科研项目中购入的打印机、扫描仪等均由项目组购入，待项目结束后，留作各办公室使用，高校设备部门不作回收处理，虽然在科研项目购入固定资产时已由设备部门登记了固定资产，但项目结束后不作固定资产收回，造成了资源浪费。因此，设备部门要重视科研项目过程中用科研经费购入的材料、设备，严格验收手续，并定期对其进行清查、整理，这样既可以防止个别人员化整为零的投机行为，又能及时将科研资产并入高校资产的管理，统一出让或出租科研项目所需仪器、设备，避免多次购入相同仪器设备，既节约科研项目经费开支，又节省科研人员的采购时间，让科研人员一心投入科研中。

高校应强化对固定资产的管理，提高科研经费管理的及时性、准确性，把固定资产的购置支出列为资本性支出，做好科研人员的强大设备后援。

3.充分发挥无形资产效力

高校既要强化科研过程中经费购置的固定资产的管理，也要强化科研项目过程中无形资产的管理，科研过程中形成的无形资产要及时申请专利，形成高校的无形资产，核算项目成本，这样才能使很多具有重大经济价值的科研成果受到保护，让科技成果转化成产能，服务于社会，服务于大众。

（四）优化高校网络化信息管理平台，提供便捷的财务管理服务

基于计算机网络的网络化信息管理平台，是高校审计、财务、科技、设备管理等部门互相交流和沟通的信息化平台。通过网络平台，各个部门之间可实现资源共享和信息共享，提高工作效率。为了促进各部门在某一事件的各个环节上相互沟通、协调，从而实现联合办公的目的，可以对高校网络化信息管理平台进行优化，从而使各个部门之间的沟通更加协调，提高工作效率，如建立办公邮箱、办公 QQ 群等。

1.保证数据、信息传递的及时性、准确性

高校内的各个管理部门通过这个网络化信息平台设立办公 QQ 群、办公邮箱等进行联合办公，可以保证数据、信息传递的及时性、准确性。财务、科研以及其他部门的人员有一些不懂的规则、决策、办法、问题等都可以通过这个网络化信息平台发出，寻求更加清晰明确的解释，校园的计算机网络中心为其保证网络畅通。学校统一配置各种校园设施、多媒体、计算机及网络设施和服务器资源，为各类业务工作服务。对于设备管理部门来说，他们利用这个网络化信息管理平台将各项设备的型号、功能等具体信息进行公布，审计部门就可以依据设备管理处发布的信息内容实施监督，并针对具体的监督情况提出反馈意见。针对科研管理部门来说，科研人员也可以利用这个网络化信息管理平台掌握科研经费的使用和结余情况，还可以完成科研立项的申请和结项等一系列步骤，同时还能申请校内最先进的科研仪器和设备，接受审计监督，从而确保科研项目的合法性和有序性。

2.加强高校科研项目经费管理信息化平台建设

高校科研项目经费管理信息化平台涵盖了学校、各学院、各部门的专业知识，其所包含的信息量和专业性都是相当丰富的。因此对信息管理提出了更高的要求，即既要及时准确地收集和传递各种相关信息，又能为科研人员提供方便快捷的查询服务。为了确保高校的信息管理系统满足科研经费管理，必须实现计算机硬件设施的现代化和技术的先进性，同时满足各个不同部门与人员了解科研项目经费来源、使用时间、使用范围、数额和经手人员等信息的需求。

（1）科研项目经费管理信息化平台

科研项目经费管理信息化平台要满足各个不同部门与人员的信息需求，就必须建立一个完整的信息系统，各个部门独立将各个不同部门的科研项目管理的所有信息情况全部编录进这个信息系统之中，以便于之后的查询与调动。通过该系统，各个职能部门能及时准确地了解到所需要的各种资料以及各项数据的来源，为科学决策打下了良好的基础。在这个信息系统中，关于科研项目管理方面，科技部门、财务部门、审计部门等分别承担着不同的职责。科研项目的申请、立项、编号、结项和奖励等事宜均由科技部门负责；在科研部门提供的信息基础上，财务部门指派专人输入相关信息，将科研项目的编号与科研经费的使用、结余情况联系在一起，以便科研人员能够实时查看；科研经费的使用情况将受到审计部门的实时监督，以便及时发现违规行为，并针对其中存在的违规行为予以纠正警告。

（2）实现资源数字化

在这个高校科研信息管理平台内，要实现资源数字化，需要统筹管理，各个部门要将现有的科研经费项目信息以及科技档案等内容公布出来，从而促进各个部门之间的信息资源交流畅通，实现各个部门之间的协同办公与资源共享，避免各个部门的重复劳动，从而提高科研经费管理的效率。

第四章　教育管理模式研究

本章内容为教育管理模式研究。学校内部有三个管理层面，分别为学生、教师及行政。本章便从这三个层面入手，主要阐述学生管理、教师队伍管理以及教育行政管理等内容。

第一节　学生管理

一、学生管理的含义

在学校管理工作中，学生管理是一项不可或缺的组成部分，它是在特定的思想理论指导下，通过长期实践而逐步形成的操作方法和思维模式，为各项学生工作提供了必要的支持和指导。学生管理的目的在于培养学生形成良好的学习习惯和行为习惯，提高学生综合素质和能力，促进他们身心和谐发展。学生管理工作并非一项单一的工作，而是一项涵盖学生管理各个方面的综合性工作。

学生管理主要以学生思想政治教育为主导，以培养学生学习为核心，以党建工作为主线，重点是建设优秀的学风班风，推动各项工作的发展。具体来说，它涵盖了多个方面，如学生的日常学习与生活，对学生进行思想政治教育、心理教育以及就业指导等。

对于学生来说，学校教育至关重要。在校园内对学生进行管理，必须坚持学生的主体地位，遵循以学生为本的管理理念，尊重每一个学生，关心每一个学生，这样才能够更好地服务于学生，促进其更好地学习与发展；要根据学生不同的个性与性格，因材施教，发现学生的内在潜能，培养学生的创新精神；需要充分发挥学生的主观能动性，以促进学生自我管理和相互学习的实现。

目前，学校普遍采用制度来规范和约束学生的行为，这种方式比较偏强制性，容易引发学生的反感情绪。要想使学校管理工作取得成效，就必须认识到“以学生为中心”才是管理成功之关键，也只有这样才能调动起学生参与教育教学活动的积极性。所以，我们要努力使学生管理朝着人性化方向发展，让每个孩子都能享受到平等和谐的成长环境。学生管理工作者应以学生为中心，真正尊重每一位学生的个性差异，关注他们在学习和生活中所遇到的困难，关注他们的心理状态，尊重他们思想理念的多样性。学校需要建立和完善当前的学生管理体系，不断更新学生管理理念，创新学生管理的方法，营造一个宜人的校园环境，为学生提供一个自我管理和自我教育的平台。

同时，学生管理工作者也应该注意到，在对学生进行管理的过程中，尊重学生并不是一味地迁就学生，而是要以学生为本，及时纠正学生的错误，对其进行教育；要从思想上、学习上、生活上关心学生，对学生进行思想政治教育，使其树立正确的三观；关心学生的学习，激发学生的主观能动性，促使学生能够进行自我规划，树立长远的学习目标；关心学生的生活，创造一个良好的校园氛围，使他们能够感受到温暖，真正地融入学校这个大家庭中；应该时刻关注学生的发展需求，积极鼓励他们参与各种活动，为他们提供各种平台，以促进他们的发展；同时还要注重培养学生的自信心、责任感以及团队协作意识等非智力因素，使其具备一定的自主学习能力和创新精神，以适应社会的需求。

二、学生管理的相关理论

（一）激励理论

激励就是通过一定的方式刺激人们去行动以实现组织目标的过程。正确的激励在塑造健全人格、激发创造性欲望、促进社交互动和人际关系等方面具有显著的功效。现代激励理论在不断探索和实践的过程中，经历了从激励内容到激励手段、激励方法的演进，并取得了显著的进展。激励理论聚焦于探究人类心理过程中动机产生到行动采取的全过程。在美国著名心理学家弗鲁姆看来，大部分情况下人们的行为都与他们的期待有关，当对某一种行为结果有着某种期待时，便采取某种行为去实现这个期待，因此激励理论包括期望理论。期待的强度越高，人们就会付出更多的努力。管理学的行为科学相关理论的发展与激励理论有着一定的联系，并在激励理论的基础上获得了更加深入的应用和拓展。

从激励理论可以得出，当行为目标确认后能够给人一种行为激励，如果行为目标相对容易实现，就会产生一定的激励效果；如果行为目标要求过高，那么产生的激励效果就不会很好，个人的积极性也会受到一定的影响。因此，行为激励就是要能够提升个人的期望值。

（二）人本管理理论

人本管理是以人为本的管理的简称。人本管理往往把人作为考虑问题的根本。早在20世纪30年代，很多西方的企业就把人力资源和企业的员工作为重要的管理资源，通过发挥人力资源的优势可以更好地完成企业的管理工作，通过对员工的合理分配和安排，以达到最佳的工作效果。企业的管理和员工价值的发挥密切相连，根据早期马斯洛的需求理论，企业文化、企业管理以及企业人力资源管理之间可以通过一定的方法进行衔接，通过一定手段和方法可以很好地调动员工的工作积极性，使员工实现最大的价值。有学者曾经把人本管理归纳为，点亮人性的光辉，回归生命的价值，共创繁荣和幸福。

而人本管理对于学生管理而言，主要是要求学生管理区别于传统的以物为中心的物本管理，开展学生管理工作既要依靠原则规定、制度约束、规范管理等硬性手段，更要通过培养、调动和锻炼学生的情感、意志、思想等方法来加以完善，这就从人本的角度对目前的学生管理工作提出了新的要求。在开展学生管理的过程中，要注重以人为本的管理理念，学校各级管理者应该树立“以人为本”和“管理育人”的理念，积极创造民主、自由、平等的育人环境，制定和实施正确的管理政策、措施；要把学生当作学校管理之本，强调以学生为中心，要重视学生作为人的特征，充分尊重他们的爱好和兴趣，最大限度地满足他们的种种合理需要，从根本上保证学生的基本权益和利益，充分鼓励学生发展自我特性，切实服务学生。

（三）目标管理理论

早在20世纪50年代，美国的管理学专家就提出了目标管理理论。目标管理理论的内容主要包括三个方面，以下是简单的分析。

1. 更加注重结果的管理

目标管理是根据管理的结果，对学生进行评价的一种方式。管理的效果和质量直接关系到高校的管理水平，同时也让考核变得更加具有价值。

2. 更加注重分层次管理

目标管理将管理的整体目标分为各个小目标，通过各个部门的目标划分对目标进行分解性管理，然后再将部门目标分解到每个人，通过分层次的管理，保证管理目标的实现。

3. 更加注重对人的管理，重视人对管理的影响

目标管理更注重学生的自我管理，更注重学生的参与度和民主性，因此目标

管理理论也是一种民主性的管理理论。如果将目标管理理论应用在当前的学生管理工作中，能够更好地贯彻落实以人为本的科学发展观，将学生作为教学管理和教育管理的核心和主体。通过分层次管理可以更好地提高管理的质量和效率，通过鼓励学生参与管理，更好地贯彻落实高校的管理目标。因此，目标管理理论是当前管理理论的重要方面。

（四）行为管理理论

“行为”一词在《现代汉语词典》中的解释是“受思想支配而表现出来的活动”。广义的行为是指一切可以观察到的、生物的、具有适应环境性的活动。狭义的行为是指人由于环境等外部因素的影响和刺激，内在的心理和生理发生变化所形成的外在表现。人的行为是在先天遗传的基础上，经过后天的学习表现出来的，具有积极适应环境和创造性改造环境的特点。

行为管理理论是随着西方工业化进程加快和社会化大生产的发展，企业劳动及劳动力构成发生变化，西方国家经济危机及劳资双方矛盾加剧而产生的。行为管理理论以人为出发点，尊重人的因素，根据“需要引起动机，动机支配行为”这一基本原理，从人的需要、欲望、动机、目的等心理因素的视角来研究人的行为规律。行为管理理论一直被广泛应用于组织管理中，为组织目标和组织效率的实现提供了理论支持。

对学生行为的管理与引导一向被看作学校教育的重要组成部分，其原因主要有三方面：一是学校作为公共教育机构，一个重要的人才培养内容就是促进学生个体社会化。众多学生只有在有秩序的环境中才能正常地学习与生活。每个学生遵守公共秩序本身就是一种社会行为。二是大部分学生的自觉理性尚在形成过程中，还不能绝对理智地支配他们的行为。他们的行为往往受到欲望、情绪的驱使，还可能受到外界的诱惑与利益的驱动，从而发生越轨行为，亟须正确加以教育引导。三是学生的正当行为若不经过反复练习，便不足以促使偶然的行为表现转化为长期的行为习惯，并由此形成稳定的道德品质。

学生行为管理是探讨和研究学生行为规律，对学生的行为目的、行为手段和行为结果进行指导、评价、矫正和控制，使之产生正确积极的行为、养成良好的行为习惯和高尚思想品德这一过程的总和。从管理主体上划分，学生行为管理可分为学校管理和学生自主管理；从管理内容上划分，主要包括各级相关行为管理规范的制定、教育宣传与执行，学生良好行为习惯的引导与养成，学生偏差行为的矫正等方面；从学生行为表现上划分，主要包括学习行为管理、社会实践行为管理、交往行为管理、消费行为管理、网络行为管理等方面。

对学生行为进行有效管理有利于促进校园、社会良好风气的形成，有利于学生优良品德的培养，是高校德育工作的重要内容，直接关系到学生的全面成长成才与学校乃至整个社会的和谐稳定。

1. 学生行为管理是新形势下实现学校人才培养目标的重要手段

学生行为管理作为学生管理的重要内容，对学生的基本行为具有强有力的约束和指导作用，对实现高校教育管理功能具有不可替代的意义。德国教育家赫尔巴特在《普通教育学》中曾指出：如果不坚强而温和地抓住管理的缰绳，任何功课的教学都是不可能的。新时期学生行为的管理与引导，是将管理与教育紧密结合，着眼于整体教育活动的健康有序进行和良好育人氛围的形成。因此加强学生行为管理，形成科学、人本的管理秩序，直接关系到学校教育目标的实现，直接关系到学校的人才培养质量，必须将其作为高校整体教育工作中的重要环节，在实际工作中重点加强、扎实推进。

2. 学生行为管理是实现学生道德发展的客观需要

学生学习生活阶段是学生个体成长的重要阶段，也是学生理性意识逐渐成熟的阶段。学生在此阶段身心发展趋于成熟，但个体道德规范尚未稳固，其行为特征存在一定的盲目性和局限性，行为意识亟待引导规范。具体来说，引导学生逐步实现由“他律”向“自律”转化，需要通过管理、教育等外部规范手段来引导、帮助学生树立正确的行为规范意识。学生行为管理正是通过不断研究学生行为的新特征、新情况、新问题，有针对性地推动管理体制和管理机制的发展，引导学生树立对积极健康行为的正确认知，树立自我管理的理性意识，从而促进其自身的全面发展。

3. 学生行为管理是维护高校、社会稳定的重要保障

学生行为管理的一项重要职责在于规范学生的日常行为，教育引导学生遵守学校纪律，促进健康和谐的校园环境与社会环境的形成。对于学校来说，通过有效的学生行为管理可以进一步促进良好教育秩序的形成，确保学校各项人才培养工作得以顺利开展。对于社会来说，学生最终要步入社会，他们的行为意识将会影响其今后的工作甚至整个人生。重视行为管理，强化正确的行为意识，可以使学生逐渐树立正确的道德规范，更好地服务社会。与此同时，学生作为特殊的社会群体，其意识、行为受到国家和社会的广泛关注，对整个社会群体的行为意识会有一定的导向作用。因此，加强对学生行为的管理和引导，对于保障高校乃至社会稳定都具有重要的意义。

三、学生管理工作的重要地位及核心问题

（一）学生管理工作的重要地位

目前，在我国高校之中，学生管理部门受党委领导，这样做的好处是有利于对学生进行思想政治教育，引导其树立正确的三观，踏上正确的道路，从而使得学生管理工作稳定发展，保障整个社会的和谐进步。

学校的三种教育职能分别是培养人才、发展科学文化与社会服务。学生管理工作的全部内容就是这三者的内容。学校最根本的任务就是要培养人才，这也是三者之中最重要的，其余两者则是培养人才的后盾和保障。目前，一些学校以教学为中心，以提高教学质量为重点，这无可厚非，但是其忽视了学生管理工作的重要作用，不利于学生的培养，从而导致学校难以输出符合社会需求的人才。

现代的学生教育呈现出多重性的面貌，既具有显性特点，也包含潜在的隐性特点。其中，显性教育是学校为学生规划的教学课程，旨在培养他们的基础知识和扩展他们的视野，对培养学生的学习兴趣、提高他们的素质也起着重要作用，从而使他们在未来的学习和生活中获得更多的机会。除学校所提供的教学规划外，还包含一些对学生进行教育和引导的内容，这些内容被称为隐性教育。二者都是对学生的教育与引导，密不可分。在当今社会高速发展的背景下，我们必须加强显性和隐性教育的力度，以实现二者之间的相互促进、相互作用和相互带动。教学与学生管理工作是高校中两个最基本的组成部分。在当今全球经济高速发展的背景下，教学工作和学生管理的紧密结合为学生的成长成才提供了巨大的推动力，同时也肩负着培养综合素质较高人才的使命和责任。目前，随着高校招生规模的不断扩大，高校学生管理工作面临新情况、新问题、新挑战。高校必须意识到这一点，即教学工作与学生工作是相互依存、不可分割的，只有这样，才能够更好地培养人才。

目前，我国正处于不断发展之中，各方面都在进行改革创新，学生管理工作也应当跟上时代的脚步，不断向着新型管理进行转变。在传统的学生管理工作中，高校比较注重管理，而在新时期，新兴的学生管理则从学生的视角出发，以学生的实际利益为出发点，更加强调教育、管理和服务的一体化。教育就是通过一定的方法来培养人的一种活动方式，即通过有计划、有步骤、有组织地实施教育，使受教育者获得知识技能、思想品德以及身心素质等方面的全面发展。学校的教育将对学生的思想政治教育与日常教育相融合，通过将正确的观点和行为准则渗透到学生的内心深处，使他们能够树立起正确的思想观念、坚定爱国主义信

念，引导他们实现国家、社会和学校所期望的目标，真正地成才，潜移默化地对其进行教育，从而实现外在教育向自我教育的转化。学生管理工作的最终目标是通过制定规章制度和教学计划，对学生进行规范化管理，从而与教育教学相配合。服务是指在学生的角度上制定一系列服务和帮助政策。教育、管理和服务这三者相互依存、缺一不可。学生教育和管理的提升离不开服务育人的理念，这种理念是先进学生管理思想的重要体现。每所学校都应该树立以学生为中心的管理理念，充分尊重学生的个体差异，从而建立和谐的校园环境，协调师生之间的关系。同时，教育的全面发展离不开有效的管理手段，只有将管理与教育有机结合，才能实现教育目标的完美达成。在高校之中，教育是塑造人才的一种途径，而管理则是其中的一种手段，而服务则是更高层次的学生管理工作的一种形式。在新时期下，要做好高校的学生管理工作，需要将教育、管理、服务三者联系起来，不断探索与创新。

（二）学生管理工作存在的主要问题

1. 学生管理工作缺乏创新

在学生管理工作中，一部分高校仍然停留在之前的传统管理模式中，管理理念比较陈旧，管理方法缺乏创新，未能激发学生参与管理的积极性，致使学生无法实现自我教育、自我管理和自我监督，从而影响了全员育人、全过程育人和全方位育人的效果。在新的历史时代，高校要管理学生必须以学生为中心，结合当代学生的生理、心理特点以及成长规律，更新管理观念，创新管理方法，充分发挥学生的主观能动性，提高学生参与管理工作的积极性，增强学生管理工作的效果。

2. 学生就业管理工作存在问题

大学生的就业管理工作涉及学校、教师和学生三个层面，这些层面的因素共同影响着学生的就业数量和就业质量。

（1）学校层面

目前，在一些高校之中存在的问题之一就是其专业设置没有与市场需求相匹配，从而导致毕业生的就业较为困难。毕业生的就业与其所学专业息息相关，只有当其所学专业与社会经济发展需求相契合时，才能更容易地找到适合自己的目标职位；反之，若毕业生所学专业知识不足或不适合企业要求，则很可能被用人单位拒之门外，影响其就业。

一些高校对于师资队伍的建设投入不够，这就会直接影响到学生学习的质量与最终效果，学生的培养质量得不到保证，学生的就业也会受到影响。

校企双方合作育人，有利于学生的进一步发展。目前，虽然一些高校与企业展开了合作，但是由于部分高校领导对此并没有高度重视，再加上大部分高校与企业的合作经验不足，校企合作的深度还有待加强。学校要加强与企业的实质性合作，深入产学研合作教育，这也是提高毕业生就业质量的关键。校企要实现深度合作，需要从这几个方面做到有效融合：高校课程理论知识与企业的生产、研发以及销售现状有效融合；学生的专业理论知识与企业岗位实践相融合。学校与企业之间通过一系列合作的开展，能够使学生深入理解课堂中的理论知识，提高学生的实践能力，提高学生的就业竞争力以及综合职业素养，有利于其日后就业。

（2）教师层面

在学生就业管理方面，教师层面也存在着一些问题。例如，由于一些学校对教师的培训学习缺乏重视，部分教师的自主学习意识不足，他们的教学理念与教学模式都比较陈旧，没有得到及时更新，这些会影响到学生的学习质量，从而间接影响学生的就业。另外还有一些高校比较短视，缺乏长远目光，在学生就业管理工作中所配置的管理人员的素质与水平方面存在着很大的不足，这也很容易影响到学生的就业质量。

目前，现阶段一些就业指导教师仍然使用比较传统的学生管理方法，缺乏现代化的学生管理理念与经验，不利于对学生的管理。随着社会的发展，学校应当对教师进行适当的培训，提升他们的管理水平与职业素养。另外，学校的管理制度也应该与时俱进，在借鉴现有可行管理制度内容的基础上，对相关管理制度进行优化创新，这样才能与当今时代不断变化着的学生身心相适应，符合时代发展要求。

此外，相比学校的其他教师，一些学校的就业指导管理教师的职称评定、福利待遇等方面都没有优势，人事关系也没有得到解决，这就会影响他们学习工作的积极性，从而影响对学生的就业服务与指导。

（3）学生层面

在高校之中，不同学生的知识背景、学习态度、学习能力等方面都有着很大的不同。在毕业之时，这些学生的专业基础、综合素养等方面也会拉开很大的差距。对于毕业生来说，就业竞争本质上就是综合能力的竞争，相比之下，综合能力强的学生的就业前景更加广阔。

3. 学生档案管理工作存在问题

近年来，我国整体教育呈现出蓬勃发展的态势，为国家和社会输送了大量高素质、实用型的人才。随着学生数量的不断攀升，学生档案管理工作的重要性日益凸显，在这个情况下，一系列问题和矛盾也不断显现出来。

（1）缺乏有效的管理理念

首先，一些高校在学生档案管理工作中缺乏有效的管理理念，未能较好地实现有效管理，档案管理工作人员缺乏服务性思维和全局性思维，他们的管理思维还停留在被动管理的层面，从而使得学生档案信息资源未能被充分发挥作用。其次，档案管理工作人员缺乏主动性与严谨性，他们忽视了学生档案管理工作的重要性，认为其不过是简单的信息收集、分类、存储等工作，在管理学生档案之时很容易会出现一些问题和错误，如信息错误、更新不及时、资料不齐全等。

（2）学生对档案的认知较少

学生对于档案的认知比较少，没有认识到档案的重要性，有的学生的档案甚至发生了损坏或者丢失，不利于其日后找工作。

（3）学生档案管理制度不健全

目前，部分高校在学生档案管理方面采用的方法比较过时、陈旧，其档案管理制度不健全。还有部分高校并不重视学生档案的整理与归档，学生档案管理人员不专业，管理水平也比较低，这就无法满足现代社会发展的需要。因此，目前我国很多高校都存在着一定程度的学生档案管理混乱现象，学校的管理工作和学生档案保管工作的管理效率和规范程度比较低。

（4）缺乏管理人才及技术支持

档案管理工作的成效与质量直接受到档案管理人员自身素养及业务水平的影响。随着社会经济的不断发展以及信息技术在各个领域中的广泛应用，高校档案管理水平得到显著提升。然而，一些学校未能充分利用互联网的优势，未能建立完善的电子档案管理系统，无法满足时代的发展需求，从而暴露了学生档案管理的弊端，降低了整体管理水平。

4. 网络环境下学生管理工作难度加大

随着信息技术和网络技术的迅猛发展，网络已经广泛渗透到人们的生活中，它给人们的生活带来了一定的便利，同时也带来了一些问题。在高校之中，学生教育以及学生管理工作的信息化都在一定程度上方便了高校教师与管理人员，但是网络环境中的安全问题始终是一个值得关注的问题。高校的学生虽然相对来说年龄没有那么小，但是他们的心理仍然没有发展成熟，自律能力与辨别能力并不是很强，在虚拟的网络环境中很容易就会被一些错误的不良的思想所诱导，从而影响学业，甚至走上歧途。这就使得高校学生管理的难度进一步加大。

要想减少网络环境对学生的不良影响，在学生管理工作中就要让学生树立正确的网络意识，促使他们正确合理使用网络资源，从而更好地对他们进行管理。

四、“互联网 +”时代学生管理工作面临的挑战与机遇

（一）挑战

互联网自身是一个开放性的生态系统，在这个开放性的生态系统内存在着数不清的各种信息，良莠不齐，它既能够给人们带来便利，也会给人们带来不好的影响。对于学生管理工作来说，也是如此。

首先，高校学生正处于三观形成的关键时期，在错综复杂的网络环境中，他们会接受到各种文化形式、信息潮流和思想观念，由于心理还未完全发展成熟，很容易就会被一些不良的信息所迷惑，从而导致学生的思想观念出现偏差，不利于对学生进行正常管理。

其次，随着“互联网 +”时代的到来，学生不必只是通过课堂以及书本等获取信息，他们信息获取的渠道变得更加多样化，视野得到了极大的拓展，这进一步削弱了学校的思想教育导向性和说服力，管理人员对学生的管理就会不容易产生实效。

在学校传统的学生管理模式中，学生管理工作制度往往比较严格，学生被动地接受管理，不利于其主动性的发挥，存在诸多缺陷，包括管理体制的僵化、管理模式的混乱、管理环节的冗杂等问题。这些问题导致学生管理相关职责部门也会很明显地出现一些不良情况，如学生管理的部门与部门之间信息沟通反馈的滞后、界限的模糊等，从而降低学生管理工作的效率。在新时代下，学生往往比较注重自身，自我意识较强，如果长期处于被动管理模式之下，很容易就会产生抵触心理，降低学生管理工作的实效。因此，如何有效地开展高校学生管理工作就成为当前高校亟待解决的问题之一。

随着新媒体的广泛应用和推广，学校对传统管理方式的改革变得越来越迫切，传统的管理方式已经被颠覆，之前那种单向灌输式的学生管理工作终将被淘汰，现如今，新媒体的双向交流方式逐渐成为最主要的管理形式。在学生管理工作中，新媒体为学生提供了更多的言论发声和信息获取的渠道，学生能够通过网络等媒

介表达自己的观点和看法。双方能够更好地实现交流，从而提高学生管理的效率。

但是，在学生管理工作中引入新媒体，也带来了一定的问题，例如，它降低了管理者的权威性。在传统的学生管理工作中，教师与管理者处于中心地位，他们往往比较权威，学生只是被动地接受管理，学生与教师、管理者之间的交流互动比较少。随着新媒体的不断发展，学生可以通过网络轻松获取信息，其获取信息的渠道大大增多了，同时由于虚拟网络之中身份比较隐蔽，一些学生可能会借助其来传播负能量，甚至是恶意攻击教师和管理者，这就会导致学生管理者与教师对学生的管理难度增加。

（二）机遇

1. 大数据技术提高了管理者的信息收集能力

（1）通过信息碎片掌握学生动态

在传统的学生管理工作中，管理者与被管理者之间的交流互动比较少，往往都是由学生被动地接受管理，通常情况下，对学生的管理工作都是依据辅导员对学生的了解与跟踪来落实的。在这种情况下，管理者所获得的学生信息往往比较片面、碎片化，不利于系统、完整地实现对学生的整体认知。

将大数据技术引入学生管理工作中，能够促进学生管理工作的全面信息获取，掌握学生动态，据此制定更符合学生需求的管理模式。从目前来看，基于大数据技术的高校学生管理系统具有良好的应用价值，不仅可以提高管理工作效率，还能确保管理工作质量和水平得到提升。此外，数据收集工作在不打扰学生正常学习和生活的前提下进行，不会对学生的日常生活和学习产生负面影响，也不会令学生产生心理负担，能够有效缓解学生的心理压力，同时也更加能够保证数据收集的真实性和有效性。

（2）通过数据分析提供专项服务

在学生管理工作中，运用大数据技术对学生生活和学习中所产生的各种数据进行收集和分析，能够更加清晰地了解与学生有关的各种信息，更加全面地了解每一个学生，然后通过对学生们的这些信息进行总结归纳，从而更好地为学生提供个性化管理服务。目前，随着社会的发展，对于人才的需求也在不断地转变，不再仅仅需要知识型人才，更需要的是具备综合素质的技能型人才。培养出具备创新能力、个性意识以及良好思维品质的人才是目前我国高等教育教学工作的重要任务。要实现这个任务，促进学生的个性化发展，就需要创新管理模式，在学生管理工作中引入大数据技术，通过数据分析提供专项服务，这是一个比较好的方法。另外，利用大数据技术，还可以有效地优化当前的教育资源，为学生提供个性化的发展路径。

（3）通过数据分析预测学生行为

通常情况下，要对学生进行管理，需要掌握学生的各种情况，难度往往比较高。在学生管理工作中引入大数据技术，学校管理部门就能够清晰地了解学生的各种行为变化，并对其进行有效预测，通过对学生的行为变化等深入分析，了解学生的心理状态和学习状态，从而达到更好的管理效果。随着教育改革的深入推进，学校越来越重视对大学生心理健康方面的研究，它与学生管理工作也有着十分重要的关系。通过运用数据分析技术，可以对学生的心理健康状态进行监测，从而有效地避免部分学生因无法适应环境而产生的极端现象。此外，数据监测的方法还可以有效地规避校园不良事件的发生，更有效地进行学生管理。

（4）通过技术维护保护学生的信息安全

在学生管理中引入大数据技术，能够更好地保护学生的信息安全。学生的生活、学习等多种资料都在大数据的记录之中，当遇到某些事情之时，高校可以在大数据中查询到学生的信息资料。但是，虚拟网络存在着一些不安全的因素，因此，学校的网络安全管理面临着严峻的挑战。在学生管理工作中，应以大数据技术为基础，通过维护和升级来保障学生的信息安全，避免学生信息泄露。

2.微信公众平台的应用有助于提高学生管理实效

随着微信公众平台应用场景的不断扩大，学生管理人员也必须紧跟时代步伐，充分发挥微信公众平台的优势，将学生、学校的相关信息等发布于平台内，借此实现对学生的及时管理，提高学生管理的效率、质量。

（1）有助于丰富学生管理工作平台

借助微信公众平台，思想引导和心理解压工作可以随时随地进行，从而为学生管理工作提供了极大的便利。而且，相比起现实生活中的管理与教育，学生更加能够接受这种教育形式。学生可以将自己内心的担心、疑虑、需求、建议等一一讲述清楚，通过微信公众平台与学生管理人员实时沟通，学生管理人员也可以更容易捕捉学生的兴趣爱好，可以及时了解到学生日常的学习状态，并对他们作出相应的指导，还能够有效地帮助教师做好日常教学工作。因此，利用微信公众号搭建育人平台的价值和意义不可小觑，它具有强大的感染力与亲和力，能够激发人们的情感共鸣。

（2）有助于加强学生管理人员与学生间的沟通

在微信公众平台上，学生管理人员可以更加便捷地与学生进行交流，双方可以随时随地互动。同时，在交流互动之中，学生管理人员也可以更容易了解学生的兴趣爱好，发现并解决学生在生活、学习和心理方面所遇到的难题，从而更好地对学生进行管理。

第二节　教师队伍管理

一、学校教师的工作特点

（一）教书与育人相结合

教师是教学的主力军，承担着传授学生知识、培养学生技能、发展科学文化的光荣使命，同时又要承担教书育人的重要职责，培养学生形成正确的世界观、人生观。教书水平高、育人效果好，教书与育人紧密结合，已成为评价学校教师工作成绩的重要方面。只教书不育人的教师是不合格的教师。教师在提高知识传授、运用能力的时候，也要提高自己的育人能力，使自己真正成为传授知识的导师、育人的模范。

（二）复杂劳动和创造劳动相结合

培养目标的高标准、高层次，教育工作的探索性，决定了学校教师工作的高度复杂性和创造性。学校教师工作作为一项复杂的劳动，需要教师具有渊博的专业知识、丰富的教学经验、独立的研究能力以及较高的政治水平。教育对象的文化层次、年龄特征等又增加了工作的难度和复杂性。同时，学校教师要在有限的时间内，把丰富的现代科学文化知识加工成学生能接受的信息，转化成学生的智慧和才能，还要培养学生的良好品德及行为习惯，这些都需要教师进行创造性工作才能实现。

（三）个别劳动和群体劳动相结合

学校教师一般采取个别劳动的方式进行工作。无论在教学还是在思想政治工作中，教师都有较大的灵活性和独立性。他们的工作时间、地点不受时空的局限，可以在 8 小时内，也可以在 8 小时之外；可以是课堂上、教室中，也可以是其他场所。这种方式可以充分发挥教师的积极性、自觉性和主动性、创造性。

另外，教育的工作也是一个群体的工作、合作的工作，因为培养人的进程是一个系统的综合性的工程，需要学校各方面的部门和人员的合作配合，即需要通过个别劳动与群体劳动相结合、相配合才能完成。单纯强调哪一个方面，忽视另一方面，都是片面的，都是不和谐的教育。

二、目前教师队伍存在的问题

在影响教育质量的因素中，师资因素是最重要的，没有合格、足够的师资，就不可能完成高质量的教学任务。由于近些年教育的快速发展，师资队伍的补充与提高一时跟不上，直接影响了教育大众化水平和教育质量的进一步提高。

随着学生人数的大量增加，教师的工作量也成倍增加，教师教学研究、科研工作都不同程度地受到了影响。由于学生人数多、教师授课时间长，工作任务繁重，也使教师身体、心理的负担加重，影响了教师的身心健康。这一切都给教师素质的提高带来了负面的影响。同时，随着师资力量的集中引进，一些新教师未经过培训和学习就马上进入教师岗位，也给教学带来了许多管理上的问题，主要表现为不能熟练掌握教育教学方法，教育教学与学生的实际、接受程度脱节。这种情况下，教师教学费劲、困难，学生接受、理解也困难。还有一些教师所教学生人数众多、班级多，给教师与学生的沟通与交流带来了困难，老师疲于上课，学生疲于学习，教师没有时间了解学生，学生也无法寻求教师的帮助。在批改作业及判卷工作上，作业量大，试卷多，时间要求又紧，教师人数又少，造成一些试卷、作业质量不高、差错率增加等问题。

因此，提高教师素质，加强教师培训，改进教学管理工作，为教师提供方便的工作环境、先进的教学手段等，已是大众化教育时代必须解决的问题。

在教师素质方面。第一，合理安排教师的学历结构比例，要重能力不要重学历，克服不顾条件、不顾实际盲目追求高学历指标、高学历结构的做法，造成不必要的人才资源智力上的闲置和浪费。第二，合理调整教师的知识结构。教师不仅要会教学、掌握过硬的教学知识和教学本领，而且要掌握科研知识、科研能力，还需要掌握做思想政治工作的一些知识，能够教书育人。这一切都对教师的知识结构和素质提出了更高的要求。第三，不断提高教师的师德水平，努力培养教师的爱岗敬业精神。教师是人类灵魂的工程师，是学生学习、模仿的对象，教师的师德水平、敬业精神等，都会对学生产生极大的影响。所谓其身正，不令则行；其身不正，其令不行。在市场经济的大潮面前，教师的师德正面临巨大的挑战和考验。要本着对人民、对学生负责的态度，大力推进教师师德建设工作，实行师德评价制度，增强教师对教育事业的神圣感、使命感和危机感，真正让教师在学生面前成为一面旗帜、一个榜样和一种向上的力量。

教师待遇问题关系到教师生活水平、教师积极性等方面。近年来，教师的工资水平、福利待遇随着国家经济的发展有了明显的提高。但是与国家总体发展的速度相比，与学校扩招规模的速度相比，与教师所从事的工作越来越多、越来越复杂相比，教师的工资水平和福利待遇还存在一定差距，还落后于国家经济发展的水平和速度，特别是一些落后地区的学校，其与发达地区的学校教师间的工资差别和待遇差别就更大。这都在一定程度上影响着教师队伍的稳定和教师积极性的发挥。因此，提高教师的工资水平，改善教师的生活待遇是大众化教育面临的一个新问题，是一个怎样认识教师职业、教师劳动特点和价值的问题。

青年是国家的未来和希望，青年教师就是学校明天的希望。青年教师的水平和状况将影响学校发展的水平和状况。对青年教师的教育管理绝不可掉以轻心、任其完全自然成长。目前，青年教师整体素质比较高、学历水平高、接受新事物能力强、适应性快，这都是青年教师的优势和长处。但是，青年教师也存在一些不容忽视的不足和问题，如创新能力和意识不强，容易忽视自身道德修养，不太会做思想工作，管理方法简单，不善于沟通合作等。这都是不适应时代发展要求的。一所学校要增强科研能力，提高育人水平，扩大社会服务的领域，就必须有一支政治过硬、业务精良、作风顽强的教师队伍，而青年教师又是这支队伍中的活跃力量，必须树立强烈的专业发展意识、科研创新意识、攻关合作意识、师德感召意识，形成求真、求善、求美的精神追求和个性品格，增强教书育人、科研创新、服务社会三种能力。青年教师应积极参与学术活动，开阔视野，激发潜能；积极助课，积累经验；认真学习，加强修养；善于合作，共同提高。

三、教师队伍的结构与调整

（一）教师的结构

教师队伍的结构在很大程度上反映着教师队伍的整体素质和适应能力，而教师队伍的素质和适应能力既取决于教师的个体素质，又取决于教师队伍的构成状态，即教师队伍的结构，不同的结构发挥的整体功能不同。教师队伍的结构是否合理，直接影响着教师队伍整体作用的发挥，影响着学校教学与科研的整体水平。合理的教师队伍结构可以使整个教师队伍整体素质和适应能力处于最佳状态，发挥最佳教育功能。教师结构主要包括职称结构和专业结构等。

职称结构指教师队伍内部各级职称的比例状况。学校教师的职称结构是衡量教师队伍业务能力和水平、反映教师队伍整体素质的一项重要标志。学校教师队伍中，各级职称的比例怎样才算合理，要根据学校的不同类型、承担的不同任务而定。从一所学校的教师职称结构到一个学院、系部、一个教研室的职称结构，都要依据不同的任务综合分析，组成合理的比例结构，才能更好地适应教学与科研的要求，完成承担的任务。

专业结构指教师队伍中各专业教师的比例状况。学校教师合理的专业结构应当与教育、社会经济、科学技术的发展相适应。随着社会经济、文化与科学技术的发展，学校教师的专业结构也要作出相应的调整与变化。一是适应新专业的建设，及时调整教师的专业结构，尽快实现由旧专业向新专业的过渡。二是加强基础课的师资力量，改变基础课与专业课分离的状况，建设一支打通基础课与专业课通道的教师队伍。

总之，要顺应时代发展的要求，要拓宽专业基础，打破学科、专业间的界限，选拔、培养具有坚实专业基础和较强适应能力的专业教师，鼓励高水平、高职称的教师开设基础课，以培养出高质量的、适应社会发展需要的各类专门人才。

（二）教师队伍的调整

教师队伍整体功能的发挥依赖于教师队伍的合理结构。然而诸多原因造成教师队伍的结构状况存在一些不合理的现象，影响了教师能力的发挥，在一定程度上，挫伤了教师的积极性，导致了教师资源的浪费。因此，对教师资源进行优化组合、合理配置，发挥其整体功能，有利于促进教师潜力的发挥、激发教师的积极性、优化师资队伍结构、提高师资使用效益。针对目前学校师资队伍中存在的突出问题，如“用人唯亲”“人才积压”“人才浪费”等现象，必须采取措施，加以调整。

1. 建立完善的人才聘用制度

长期以来，很多学校采用的仍然是过去的用人办法和制度，教师与学校存在着人身依附的关系，教师一旦进入学校，就进入了“保险箱”，教师的住房安置、子女入学等，都由学校承担，教师的档案由学校保管，教师的户口随学校的变动而迁移。这样造成了学校方面“包袱”太多，管理教师的权力弱化，面临着“差的流不走，好的留不住”的窘境。对教师而言，这也弱化了他们的竞争意识、拼搏意识和创新能力，造成教师队伍人浮于事、心浮气躁，专业教师队伍结构不合理，一方面教师超员，另一方面优秀教师又短缺。

要提高学校的活力和竞争力，调动起广大教师的工作积极性、创造性，就必须采取聘任制等改革措施。实行聘任制，就是由过去学校对教师的身份管理变为对教师的岗位合同管理，以岗定编、以岗定人、责任到人。改变因人设事、因人设岗的局面，促进教师的竞争、流动和人员的优化组合。教师与学校双方按照合同，各自行使自己的权利和履行自己的义务。教师有应聘、辞聘的权利，学校有聘任、解聘的权利。通过聘任制，教师能够找到适合自己的工作岗位，学校也能聘任想要的教师。这样既增强了学校对人才的重视程度，又有助于人才积极性的发挥，有利于形成尊重知识、尊重人才的良好风尚。

2. 设立特殊的政策措施，促进教师的合理流动

“一岗定终身、一生不流动”的管理办法，既不利于人才的成长，也不利于学校的发展。学校应有特殊的政策措施，吸引国内外的优秀人才进入学校。对于急需的专业教师，学校可采取设置高一级职务（职称）岗位或给予较优厚的待遇等措施，鼓励、吸引一批优秀教师的到来。它既可以改善教师队伍的结构，改变人才相对集中的局面，又可以激发教师的竞争积极性，提高教师工作的整体效率。同时，对于学校自己的相对集中和过剩的教师，要使之合理地、有序地流动起来，针对他们的特长和需求，鼓励他们重新选择岗位，或到其他学校、其他单位任职，减少人才资源的浪费和闲置。这方面的工作需要学校与政府协调一致的行动，以减少不必要的麻烦和教师的后顾之忧。

3. 调整、改变教师队伍“用人唯亲”现象

我国高校教师队伍的补充习惯于选留本校的毕业生，许多学校的院、系、教研室出现了老师、学生几代同室的情况。当然，本校毕业生有熟悉专业、熟悉导师、熟悉环境的优势，便于很快进入角色。但是，随着现代科学技术的迅速发展，学科交叉、相互渗透的趋势日益明显，大量选留本校毕业生不利于各学科、各专业创新思想的交流、碰撞和发展，而且容易“论资排辈”，阻碍优秀中青年人才的脱颖而出。为改变这种状况，一是需要补充教师尽可能选留不同学校的毕业生或选调外校教师。对于已留校的毕业生，应让其到企业、科研等单位锻炼几年，以开阔他们的眼界，改善其知识结构。二是需要进行合理的流动。让教师尝试到其他学校、其他教研室去工作，促进教师教学、科研水平的提高。

四、教师的职业道德建设

教师职业道德建设也称师德建设，是教师职业具有的特殊需求。在当前建设

社会主义和谐社会、面临市场经济挑战的形势下，尤其要重视教师的师德建设。

（一）高等学校教师职业道德规范

第一，爱国守法。热爱祖国，热爱人民，拥护中国共产党领导，拥护中国特色社会主义制度。遵守宪法和法律法规，贯彻党和国家教育方针，依法履行教师职责，维护社会稳定和校园和谐。不得有损害国家利益和不利于学生健康成长的言行。

第二，敬业爱生。忠诚人民教育事业，树立崇高职业理想，以人才培养、科学研究、社会服务和文化传承创新为己任。恪尽职守，甘于奉献。终身学习，刻苦钻研。真心关爱学生，严格要求学生，公正对待学生，做学生的良师益友。不得损害学生和学校的合法权益。

第三，教书育人。坚持育人为本，立德树人。遵循教育规律，实施素质教育。注重学思结合，知行合一，因材施教，不断提高教育质量。严慈相济，教学相长，诲人不倦。尊重学生个性，促进学生全面发展。不拒绝学生的合理要求。不得从事影响教育教学工作的兼职。

第四，严谨治学。弘扬科学精神，勇于探索，追求真理，修正错误，精益求精。实事求是，发扬民主，团结合作，协同创新。秉持学术良知，恪守学术规范。尊重他人劳动和学术成果，维护学术自由和学术尊严。诚实守信，力戒浮躁。坚决抵制学术失范和学术不端行为。

第五，服务社会。勇担社会责任，为国家富强、民族振兴和人类进步服务。传播优秀文化，普及科学知识。热心公益，服务大众。主动参与社会实践，自觉承担社会义务，积极提供专业服务。坚决反对滥用学术资源和学术影响。

第六，为人师表。学为人师，行为世范。淡泊名利，志存高远。树立优良学风教风，以高尚师德、人格魅力和学识风范教育感染学生。模范遵守社会公德，维护社会正义，引领社会风尚。言行雅正，举止文明。自尊自律，清廉从教，以身作则。自觉抵制有损教师职业声誉的行为。

（二）师德建设的途径

第一，加强教师的自身修养。教师道德水平的提高不仅要靠外在的力量、外在的环境影响，更主要的是靠内在的自我修养、自我道德的自律与完善。教师要在教学工作的实践中，自觉养成良好师德习惯，一方面不断学习师德方面的知识，提高道德修养的认识水平和道德修养的自觉性；另一方面不断加强道德行为的训练，逐步养成师德行为的习惯。能够在各种情况下，保持自我道德约束、自我道德调控，做一个师德自觉、自律、自控的人。

第二，创造良好的校园文化环境。环境对人的影响是很大的，好的文化环境可以陶冶人、改造人，不好的文化环境可以摧残人、毁灭人。形成良好的大学校园文化环境，既是学校发展自身的使命要求，又是师德建设的重要方面和环节。要重视对校园文化环境的建设，形成文明、向上、和谐的校园文化，用校风、校训、学校优良的历史传统和文化积淀来塑造学校的人文精神、打造学校的人文氛围，让教师在一个充满和谐、充满力量、充满激励的校园文化环境中，认识到自己的职责和使命的崇高与伟大，感受到一种压力和动力，不断调整自己的言行，规范自己的言行，培养高尚的道德情操。

第三，通过法律法规等保证教师的师德建设。制度建设是根本性的，是可操作检测的。通过建立健全教师师德建设的规章制度，使师德建设驶入规范化、法制化的轨道。目前，教育部已经出台了教师师德建设的一系列政策法规，关键是要学校结合自身的情况来具体实施和落实，对制度、规范更加细化、具体，便于教师掌握实行，也便于学校考核与评价。

第四，加强师德建设的领导和管理。师德建设是一个长久的系统工程，需要一个长期、稳定的领导和管理工作。要建立一个教师师德建设的长效管理机制，不仅要加强对师德建设的领导和引导，确保师德建设的正确发展方向，还要加强师德建设的管理，搞好师德建设工作的检查、评估工作，把师德建设工作纳入一个整体系统、整体学校目标之中。可以考虑师德建设一票否决制，即教师师德出现了严重问题与缺陷，就不能从事教师工作。通过强有力的领导和严格的管理，确实树立起教师师德的良好形象，使教师真正成为“学为人师，行为世范”的榜样。

第五，开展多种形式的师德教育活动，包括政策法规教育、职业道德教育、教师心理健康教育等，采取的形式可以是教师个人师德案例的整理、评选，教师师德问题的研究讨论，教师师德标兵的宣传与奖励等。总之，可以结合新形势、新任务的要求，对教师师德建设采取更加积极有效的方法与措施，目的是提高教师队伍的整体师德水平。通过教师师德水平的不断提高，带动整个教育事业的健康发展，促进教书育人、服务育人、管理育人目标的实现，使教育沿着科学发展的目标前进。

第三节　教育行政管理

教育行政管理旨在培养具有较为扎实的经济科学、管理科学和教育科学理论基础，具备较为开阔的社会科学学术视野和掌握现代教育经济与教育财政研究方法的复合型专业人才，以适应我国政治经济文化发展和教育教学改革对高层次人才的需要，为我国教育与管理的发展造就一批与时俱进、奋发有为的高级人才。

教育行政管理通过控制、协调、指挥、组织和计划等措施，构建良好的生活、工作及教学秩序。为高素质人才的培养、高层次科研成果的取得奠定坚实的基础。教育行政管理的主要工作是为师生提供良好的行政服务，确保学校教学等工作的顺利开展。但是其具有工作内容复杂、工作量大等特点。因此，让教育行政管理的工作为师生提供服务，就一定要注重学校改革及发展中教育行政管理的重要性，强化其服务性的根本性质。

教育行政管理的最终目标是使学校拥有的人力、物力等资源发挥出最大的效益，以完成学校的各项任务。我国教育行政管理在借鉴国外先进经验的同时结合我国国情初步形成了教育行政管理体系。这一管理体系在保障高校实现教学、科研两大主要任务目标、培养高素质学生的过程中发挥着重要作用。全面深化改革时期，社会在较快发展的同时也对学校的教学、管理提出更高的要求。教育行政管理是高校坚持办学方向、贯彻党的教育方针的重要保障。教育行政管理水平的高低直接影响着教学科研资源能否合理配置，因此，高效的管理工作对学校取得跨越式发展具有重要意义。

一、教育行政管理中的问题

当前，学校教育行政管理的方式存在着差异。大部分传统教育行政管理的实施具有一定的基层性特点，在权力与人事方面存在下级负责上级的特点。当上级制定管理目标之后，每一级的行政管理根据上级目标，制定分目标。学校采取的行政政策也是逐级落实到基层。传统的行政管理在具体工作中缺乏创新意识、因循守旧、视野过于狭窄。学术部门与行政各部门相比而言，后者的权力明显高于前者。

（一）教育行政管理部门观念落后，缺乏服务意识

在传统的教育行政管理中，行政管理人员并没有形成一个比较清晰的、与之

相对应的行政管理理念，他们并没有将自身的定位与服务紧密结合，缺乏服务意识。现今社会不断向前发展，但一些学校的教育行政管理部门仍沿用之前传统的行政管理方法，思维观念落后，缺乏规范化与法制化建设，这就容易出现某些问题。例如，在处理事务的时候，领导态度不明，模糊不清，或者坚守旧观念，墨守成规，听不进建议与意见；严重忽视对人才的培养；基层行政管理部门缺乏思考、研究的时间，事务太过繁忙，导致服务质量比较低；等等。这些都会影响行政管理部门的工作效率，无法满足师生的真正需求。要想避免这方面的问题，教育行政管理人员就要有服务意识，将服务当作工作的重点，同时要重视教育行政管理方面规章法则的健全、机构的建设、权力的分配等方面，从而提高教育行政管理的效率和质量。

（二）教育行政管理人员管理水平偏低，无法满足发展需求

高校中的教育行政部门承担辅助性的职责，注重效率与质量，其主要作用在于协调组织内部各部门之间以及人员间的关系，从而实现对资源进行优化配置的目的。在高校教育行政管理中，存在行政管理人员管理水平偏低的现象，他们的工作能力无法满足学校师生的发展需求。造成这种现象的原因：第一，行政管理在一些学校高层领导的认知中出现了误区，导致他们错误地认为其毫无必要、可有可无。由于高校领导对行政管理不重视，针对行政管理人员采用放养式的管理方式，未能为他们提供必要的职业培训机会，从而导致他们的素质水平不尽如人意。第二,一些行政管理人员缺乏系统教育基础理论和专业管理知识的培训，并且在对行政管理人员进行选拔之时也过于“宽松”，这也引发了行政人员管理水平偏低的现象。第三，在一些行政管理机构中有着机关化的负面影响，形式主义、官僚主义比较严重，他们过多地注重形式，自然没有时间去认真学习和钻研行政管理的知识与方式，这也是他们管理水平偏低的一个重要因素。

（三）教育行政管理组织结构不合理

我国教育行政管理还存在着组织结构不合理的现象，教育行政管理体系层级以及行政管理人员的数量过多，机构之间的重叠现象比较严重，机构设置不科学，从而使得校园行政呈现出权责不明、行政权力泛化、决策力分散的现象，教育行政管理的效率比较低。对于需要前往某些部门办事的学生与教师来说，这就会导致他们所面对的工作流程十分复杂。一件十分简单的事情需要经过多个部门审批，才能完成。而且，这些部门与部门之间往往交流与互动也比较少，相互之间缺乏配合，从而使得人力、资源等都被极大的浪费。因此，为了提高工作效率，减少不必要的

资源浪费，需要建立起高效的教育行政管理系统。另外，还有一些学校的教育行政管理呈现出一种自上而下的管理模式，组织结构比较单一，这种不合理的组织结构极大地削弱了行政管理体系的运作效能，对教学质量产生了不良影响。

二、教育行政管理改革与创新的重要意义

（一）适应新时期发展需要

目前，随着时代的变迁，我国社会经济水平不断提高，人们生活质量得到了提升，对于教育也提出了更高的需求，这使得学校面临着巨大的挑战和机遇。随着新时代各项要求的不断涌现，学校对于改革与创新的重视程度逐渐提升，这也为学校教育的持续发展奠定了基础。当前我国教育行政管理工作还存在一些问题和不足，影响了教育事业健康稳定地发展，必须进行深入探究，并提出有针对性的对策来解决这些问题。只有实行观念的转变和管理模式的更新，方能推动教育行政管理的改革和创新，才能真正地适应新时代社会发展的需求。

（二）保障学校改革、发展的顺利实施

在推进学校改革的进程中，教育行政管理扮演着协调、激励、参谋和保障等多重角色，为学校的发展注入了强大的动力，尤其是对学校内部各个职能部门来说，其职能发挥直接影响着学校整体运行情况以及未来发展方向。在学校的日常教学活动中，任何出现的问题都可能对整个学校的教学工作产生深远的影响，从而对学校未来的发展产生不可忽视的影响。因此，为了保证学校正常运转和持续发展，需要对相关职能部门进行合理分工，从而使其发挥各自的职能，为整体工作提供有力支撑。在这一过程中，行政管理部门运用服务手段来协调不同部门之间的关系，以充分发挥各方面的优势，扬长避短，从而推动学校的深入改革。同时，行政管理部门还承担着完善监督检查制度的职责，它根据不同部门制定不同的督办要求，并以此为标准，依据各部门组织开展过程中的实际工作，提出有针对性的发展意见，以促进各项工作的顺利实施与完成。

三、完善教育行政管理的基本思路

（一）实行柔性化管理

所谓柔性化管理，就是指“以人为中心”的人性化管理。它的主要特点就是

不采用强制性的方式，而是在人们心中产生一种潜在说服力，调动人们的主动性与积极性，使人们可以自觉地遵守规章制度，从而把上级意识变为个人的自觉行动。在学校中，采用柔性化管理，以人为本，可以加强管理人员与师生之间的交流，便于双方能够将心比心，更好地进行管理。要在学校中实行柔性化管理，首要任务是确立民主管理理念，加强民主参与意识的培养。管理人员要培养教师与学生的主人翁意识与责任意识，使他们能够自愿乐意地参与学校的各项管理与决策，这样也有利于提高学生的学习热情以及教师工作的积极性，有助于营造良好师生关系和构建新型教学团队，有助于促进校园的和谐建设。管理人员还要注重师生的情感需要，提升人际交往的亲和力和凝聚力。只有在充分尊重和理解人的基础上，才能充分发挥人的中心作用，实现柔性化管理的目标。

（二）提高行政管理人员的素质

在推进行政管理改革和创新的过程中，加强行政管理队伍的建设是至关重要的一环，尤其对于高校来说，行政管理人员更是发挥着举足轻重的作用。提升行政管理水平的关键在于提高行政管理人员的综合素养，优化行政管理团队的结构。要提高行政管理人员的素质，在开始的人员选拔阶段就必须严格对待，要确保行政管理人员的综合素质符合该项工作的要求；选拔之时要严格遵循相关准则和标准。同时，为了提高行政管理人员的工作效率，必须对工作环境进行优化，以确保他们能够全身心地投入管理工作中，将其视为自己的职责。

（三）转变教育行政管理的观念

首先，在行政管理中，要做到以人为本，转变对行政管理的认识。对自身进行明确定位，树立正确的管理观念。其次，在实施行政管理工作时，积极探索以人为本的方法及思路。转变行政管理工作的工作方式，重点实现以人为本的管理。最后，在实际工作中，对于被管理者要给予足够的尊重。关心教职工，让他们没有被冷落、孤立的感觉，从而使被管理者能够积极发展。坚持以人为本，不仅能够更好地落实行政管理的各项工作，而且也提高了行政管理在学校运行中的影响，更充分地发挥行政管理的作用。

（四）深入教育行政管理理论研究

实践出真知，但却是建立在现有理论的基础上。因此，为更好地促进行政管理工作的开展，很有必要对其进行理论研究。第一，对行政管理课题进行立项，鼓励学者对其理论进行研究，营造良好的研究氛围。第二，给予取得行政管理研究成果的学者奖励，调动教师研究的积极性，促进理论研究的顺利完成。第三，采纳成功理论研究进行深入研究。借鉴先进的研究经验，结合本校发展的实际情况，研究出适合本校发展的理论。

总而言之，在学校教学不断发展的过程中，教育行政管理作为重要的内容必须予以高度重视。而为了能够使之与各项工作相互匹配，就得改革和创新教育行政管理，促使其发挥出真正的作用。

四、教育行政管理效率提升策略

（一）健全人才准入制度，引进尖端的行政管理人才

在教育行政管理领域，大多数行政管理人员来自基层，他们往往知识水平相对较低，管理理念也较为落后。在行政管理工作中，他们总结出了一套自己的经验方法，并依据自己所总结的经验方法进行行政管理的相关工作。随着社会的不断发展，这种以工作经验为基础的行政管理模式已无法完全适应时代发展的多样化需求。在教育行政管理领域，我们必须高度重视创新管理模式的问题，并积极构建完善的人才准入机制以及人才退出机制，以人才准入机制为主，以人才退出机制为辅，引进高端的行政管理人才，针对行政管理人员进行定期考核，以评估其表现，来决定其是否继续留任，从而提高行政管理队伍的整体水平。此外，还应建立科学、合理、有效的激励机制，从而调动工作人员的积极性和主动性，激发教育行政管理的内在活力，促进各项管理工作高效开展。

（二）完善管理和服务的责任制及绩效管理

公立院校的经费来源主要依赖于政府拨款，因此，在公立院校管理层面，行政体制的约束是必不可少的。对于公立院校来说，在教育行政管理方面，需要考虑多方面的情况，要考虑行政体制的约束，同时还要结合院校的实际情况，要以企业管理和服务模式为参考，打破传统的单一制行政管理模式，要将管理责任制和服务责任制引入到行政管理中来。此外，不可过度将行政管理权力大包大揽，而是应当将其适当地下放，根据管理人员的个人特长，合理安排管理岗位，以充分发挥管理人员的才能，提高个人发展与学校发展的协调性。

1. 明确行政管理人员的职责

在教育行政管理中，要明确行政管理人员的职责，不同的行政管理人员的岗位不同，其职责也就不同。为了完善绩效管理，必须根据不同岗位的特点，制定

相应的绩效考核标准。因此，对于学校来说，如何合理分配和使用人员是一个重要问题。第一，为了满足学校自身的运营需求，必须明确行政管理部门和行政管理人员的数量。一般情况下，学校的规模越大，行政管理人员往往要更多一些，反之则应考虑缩减规模。第二，应根据不同职位的需求，明确行政管理人员的不同的职责和义务，以提高行政管理效率。第三，针对每一个不同的行政管理人员，学校应当为他们确立相应的绩效目标，以对其形成激励，确保他们在工作中获得最佳的成果。在制定绩效目标时，需要综合考虑多方面的情况，全面分析整合，例如，要考虑部门整体绩效目标、行政管理目标、个人岗位要求以及行政管理难度等。

2. 完善绩效管理考评体系

要完善绩效管理考评体系，需要从以下几个方面入手。

第一，对目标进行分解，制定详尽的计划，进行科学的定位，建立有效的沟通机制，明确各自的职责。在绩效管理的环节中，绩效目标的设立最重要，它是绩效管理活动的中心和总方向，决定着计划时的最终目的、执行时的行为导向、考核时的具体标准。设定绩效计划的目的在于将学校发展战略及目标与每位行政管理人员的行动结合起来，确保行政管理人员的工作目标与学校的战略目标保持一致，以最大限度地保证学校战略目标的实现。绩效计划必须清楚说明期望行政管理人员达到的结果以及为达到该结果所期望行政管理人员表现出的行为和技能。绩效计划通过层层分解目标来实现，并力争保持学校战略目标与规划和教职员工个人愿景的和谐一致。

第二，重视过程考评和控制，力求考评的完整性和连续性。控制是管理的一项基本职能，它是通过对计划执行情况的监督、检查等方式，及时发现目标偏差，找出原因，采取措施，以保证目标实现的过程。一个完整的绩效管理系统包括绩效目标与计划、绩效控制、绩效考评、绩效反馈四个环节。要使绩效考评真正有效，必须关注以下几方面。

首先，在日常行政管理过程中要做好记录，确保日常记录得当，以构建一份针对被考评人员的绩效文档。在年终考评之时，这些日常工作的绩效文档将会作为年终考评的依据，以确保年终考评的公正性和合理性。

其次，创造一种浓郁的学习氛围，以提升员工的自我学习能力。随着我国高等教育事业的迅速发展，高校办学规模不断扩大，对人才素质的要求越来越高，这也就使得学校更加重视人的培养质量。学校本身即为一个学习型组织，在形势不断变化的情况下，高校更应该不断调整人才培养和需求的目标和计划，为行政管理人员的成长创造一个优越的环境和良好的条件。

再次，在选择考评主体时应慎重考虑，其应该具备全面性和针对性，这样才能够确保评估结果的准确性和可靠性。与教师相比，教育行政管理人员的服务对象比较广泛，涵盖了领导、教师、学生以及其他相关的管理人员，这些人员都是教育管理领域中不可或缺的重要角色。同时，不同的行政管理岗位也有其独特的主要服务对象。因此，在对行政管理人员进行绩效考评时，应该审慎选择考评主体，要考虑多方面的因素，如考评主体的素质、与被考评人的关系、各类考评人员的分配比例等，以确保考评结果更加公平公正、合理可信。

最后，在对教育行政管理绩效考评之时，要确立奖惩性评价与发展性评价相结合的价值取向。在绩效考评之中，价值取向十分重要，它不仅是绩效考评的基础，同时还是整个绩效考评体系的方向，不同的价值取向也会使得绩效考评的指标、标准、方法等有所不同。奖惩性评价是一种不完全的评价，是一种具有一定局限性的评价方式，是一种以过去为导向的终结性评价。这种评价的主要方式就是奖励和惩罚，它能够在一定程度上促进管理工作的改革与提高，赢得了一部分人的认同。但是，总体来说，如果在评价过程中仅仅只是单一地使用奖惩性评价方式，是不利的，因为它忽视了评价应该具有的激励、改进和导向的功能，不利于行政管理人员的发展。发展性评价是一种重视个性与人格的发展与完善、注重人的全面和谐发展的评价方式，它不仅具有鲜明的人本特点，同时也考虑到组织和社会的发展需要，这种发展性评价方式体现了价值的一元性和多元性的完美融合。从这个意义上讲，发展性评价比奖惩性评价更能调动人们工作的积极性和主动性。不过，在教育行政绩效考评过程中，如果仅仅只使用发展性评价也是不够的，这样容易使得行政管理人员缺乏压力与激励刺激，对于提高管理水平和服务质量也是毫无裨益。因此，在教育行政绩效考评过程中，要同时将这两种方法结合起来，相互融合、相互补充，方能达到最佳的评估效果。

第三，要完善绩效管理考评体系，就要综合关注个人绩效和团队绩效，这样才能实现绩效最大化的目标。学校的行政管理是一个完整的系统，有多个不同的行政管理职位，这些行政管理职位所需的能力也是不同的，即学校的行政管理需要多种不同的能力组合。而每个人的能力结构都是独特的，同时，一个人的能力也存在一定的局限性。因此，学校在对管理人员进行绩效管理考评时，要将个人绩效与团队绩效相结合，在个人绩效考评指标中依据各岗位的实际情况加入与团队绩效相关的指标，综合对管理人员进行绩效评定。另外，针对不同人员的能力结构，还可以对这些人员进行合理分配岗位，量才用人，任其所长，从而实现绩效最大化。

3. 加强考评结果的运用

首先，考评结果的反馈是需要特别关注的。通过考评结果，可以发现管理人员存在的一些问题，然后立即展开深入调查，找出问题的根源，并制定相应的解决方案，以改善其行为表现。其次，在对行政管理人员实施绩效考核时，必须将行政管理人员的薪酬和升职情况与考评结果紧密相连，以便对其形成激励作用。最后，公开考评结果将有助于行政管理人员深入了解绩效管理的权威性，从而更加约束自身行为，提高行政管理效率。

4. 强化绩效考核的激励措施

（1）物质激励

目前，大多数学校的教育行政管理人员关注的重点仍然是物质激励。为了体现多劳多得、优绩优酬的原则，教育行政管理人员的管理者可以将各岗位的人员特征、性格特征、需求的差异性、服务数量、服务难易程度、服务质量、服务对象的满意度等与其绩效工资挂钩，从而在各单位内进行绩效工资的二次分配。针对不同部门、岗位的不同行政管理人员，依据其绩效考核，给予其不同的绩效酬劳，这样能够激励他们更好地完成任务。

（2）精神激励

在绩效考核激励措施中，精神激励也是一种常用的方法。通常情况下，对于行政管理人员的激励措施往往是物质激励与精神激励相结合的方式，二者相辅相成，缺一不可。如果只重视精神激励，就无法满足职工的基本生活需求；而如果只注重物质激励，不仅会增加学校的经济负担，还会对员工的长远发展造成不利影响。因此，需要有效地结合这两种激励方式，发挥它们各自的优势。通常情况下，精神激励包括多种，如员工的工作认可、培训激励、岗位晋升等，这些精神激励会使他们内心产生一种成就感与荣誉感，使他们在日后工作中更加富有激情。

（3）知识激励

在高校中，知识激励也是一种常见的激励方式。所谓知识激励，就是指教育行政管理人员的管理者为其提供的知识、信息、技能的学习机会。例如，定期将教育行政管理人员输送到与其工作或所学专业相关的培训基地进行知识培训，以提高他们的专业知识技能和综合素质。教育行政管理人员是知识型人才，除了物质需求之外，他们也十分注重非物质的需求，随着社会的发展，这种需求所占的比重也在不断增大，自我实现需求逐渐占据主导地位。

（三）建立健全行政管理制度，实施信息化管理

有章可循是开展各项管理工作的重要前提，同时也是确保管理取得成效的关键。当前我国一些高等院校教育行政工作中存在诸多问题，如管理模式陈旧落后、规章制度不健全、人员流动性大等，严重影响了管理水平和工作效率的提升。为了提升学校教育行政管理的效能，首要也是最重要的便是要建立完善的管理制度，以制度优势为支撑，全面开展各项行政管理工作。在高等院校内部，应当制定针对管理人员的值班制度、岗位责任制度、办公制度以及绩效考核制度等，以确保其工作职责得到有效履行，促进其积极性得到充分发挥。在建立管理制度的过程中，必须始终秉持以人为中心的工作理念，为了确保制度的可操作性和实践性达到最佳状态，可以向所有行政管理人员征集相关意见。在高等教育行政管理中，信息的传递需要经过多个层级，这就会使得信息传递的效率低下，无法充分发挥信息的时效性。为了确保行政管理工作的高效性，必须对教育行政管理部门进行完善，包括设立问题调查、意见收集、服务监督和政策编制等部门，并对每个部门的职责和权利进行明确界定，同时建立监督机制。通过上述措施，可以进一步推动我国高校管理水平的提高，培养出更多符合现代需求的人才。

第五章 当代高校教育管理模式创新路径分析

本章内容为当代高校教育管理模式创新路径分析，主要包括高校教育教学的信息化建设、高校科技创新与管理以及后勤服务与资源管理这几部分内容。

第一节 高校教育教学的信息化建设

信息化已经在世界范围内演变为一次产业革命和社会革命，对经济社会产生着深刻的影响。全球正加速向信息社会演进。信息技术已经成为无所不在的通用技术，其在教育领域的应用正在带来教育思想、教育模式、学习内容和方式、人才培养质量等方面的全面转变和提升，教育信息化作为21世纪教育改革的重要内容和指标正纳入世界各国新一轮教育改革方案之中，极大地促进了各国教育改革的进程。以教育信息化带动教育现代化、实现教育的跨越式发展已经成为我国教育发展的重要内容。

一、教育信息化概述

21世纪，“信息革命”“信息时代”“信息化”等与信息相关的词汇充斥着整个社会，可见信息对整个社会的影响之深、之广、之大。如今，信息化已经成为当今世界发展的潮流，是国际社会发展的趋势。

（一）信息化概述

1. 信息化的定义

信息化是将信息作为构成某一系统、某一领域的基本要素，并对该系统、该领域中信息的生成、分析、处理、传递和利用所进行的有意义活动的总称，是从物质生产占主导地位到社会信息产业占主导地位的社会发展的过程，这个过程是一个动态的过程。其最初是由日本学者从社会产业结构演进的角度提出来的，实际上是一种反映社会发展的新学说。1967年，日本科学技术与经济协会在研究经济发展问题时，对照工业化概念，正式提出了信息化概念。

2. 信息化的内容

从信息化内容来看，信息化主要包括信息资源，信息网络，信息资源的利用与信息技术应用，信息化产业，信息化人才，信息化政策、法规和标准等六个要素。这六个要素是一个有机的整体，共同构成信息化的完整体系。其中，信息网络是基础，只有建设先进的信息网络，才能充分发挥信息化的整体效益；信息资源是核心，是信息化建设取得实效的关键；信息资源的利用与信息技术应用是目的，集中体现了信息化建设的效益；信息化产业、信息化人才及信息化政策、法规和标准是信息化的支柱，是信息化有力的保障。

3. 信息化的社会意义

信息化对于当今社会的各方面发展有着重大意义。信息化能够促使信息产业快速发展并扩展，形成新的产业群和经济增长点；能够促进社会产业结构的优化和升级；能改变经济增长方式，使其由粗放型向集约型转变；能为教育和科技带来一系列变化；能使人们的生活质量得到大大的提高；将改写以往的军事理论和作战方式，产生新的军事学说；能够推动经济和社会的发展。

（二）教育信息化的概念

面对世界范围内的信息化浪潮，传统的教育系统正面临着严峻的挑战，现代信息技术进入教学，引起了教育系统的一系列巨大变化。教育信息化就是将信息作为教育系统的一种基本的构成要素，并在教育的各个领域广泛地应用信息技术，促进教育现代化的过程。

教育信息化的概念是在20世纪90年代伴随着“信息高速公路”的兴建而提出来的。1993年9月，美国政府正式提出“国家信息基础设施”，俗称“信息高速公路”的建设计划，其核心是发展以因特网（Internet）为核心的综合化服务体系和推进信息技术在社会各领域的广泛应用，特别是把信息技术在教育中的应用作为实施面向21世纪教育改革的重要途径，教育信息化的概念便由此产生。

目前，对于教育信息化存在着很多不同的理解。从一些研究来看，对教育信息化概念的理解主要有以下几种。

第一，教育信息化是教育过程中比较全面地运用以计算机多媒体和网络通信为基础的现代信息技术，促进教育的全面改革，并使之适应正在到来的信息化社会的过程。[①]

第二，教育信息化是将信息作为教育系统的一种基本构成要素，并在教育各

① 江巧君．国外教育信息化及借鉴[J]．信息化建设，2003，(5) 45—46．

个领域广泛地利用信息技术促进教育现代化的过程。教育信息化的过程应高度重视对教育系统以信息的观点进行信息分析，并在此基础之上进行信息技术在教育中的有效应用。①

第三，所谓教育信息化，是指在教育领域全面、深入地运用现代信息技术来促进教育改革与发展的过程，其技术特点是数字化、网络化、智能化和多媒体化，基本特征是开放、共享、交互和协作。②

第四，所谓教育信息化，是指将通信技术充分整合应用到教育系统之中，在一定程度上实现教育教学、组织管理、校园生活服务等活动的数字化、网络化、虚拟化，从而提高办学效益和教育教学质量，最终形成适应信息社会要求的新教育模式。③

笔者认为，教育信息化是一个在现代信息技术广泛普及的基础上，在现代教育思想和理论指导下，通过以多媒体计算机和网络通信技术为基础的现代信息技术来促进教育的各个环节的改革和发展，达到教育优化的目的，实现教育现代化的过程。

（三）教育信息化的结果——信息化教育

信息化教育是信息技术以教育信息化的形式促进教育的结果，是一种新的教育形态，是在现代教育思想和理论的指导下，通过运用现代信息技术开发教育资源、优化教育过程，以培养和提高学生信息素养为重要目标的一种新的教育方式。可以说，信息化教育是教育信息化的结果。从宏观和微观两个角度来分析，信息化教育具有如下特点。

1. 信息化教育微观角度的特点

从微观的角度来分析，信息化教育在教学层面上具有以下几个特点。

（1）教材多媒体化

教材多媒体化就是利用多媒体，特别是超媒体技术，建立教学内容的结构化、动态化、形象化表示。多媒体化的教材具有多重感官刺激、传输信息量大、速度快、使用方便、易于操作、交互性强等特点。目前，已经有越来越多的教材和工具书多媒体化，它们不但包含文字和图形，还能呈现声音、动画、录像以及模拟的三维景象。

① 黄荣怀．教育信息化　教育现代化的必由之路[N]. 中国教育报，2002—10—12（2）.

② 范坤．推进我国教育信息化建设进程的对策研究[D]. 武汉：华中师范大学，2004.

③ 张建伟．教育信息化的系统框架[J]. 电化教育研究，2003（1）9—13，28.

（2）教学资源共享化

教育信息化，特别是全球教育网络的形成和发展，打破了过去教育资源种种形式的封闭和垄断，可以使全世界的教育资源连成一个信息海洋，使全球教育资源的共享程度大大提高，从而有利于全球教育资源的充分利用与效益提高，有利于缩小国家间和地区间教育发展的差距。目前，网上的教育资源有许多类型，包括教育网站、电子书刊、虚拟图书馆、虚拟软件库、新闻组等。

（3）教学方式个性化

利用人工智能技术构建的智能导师系统能够根据学生的不同个性特点和需求，进行教学和提供帮助。不同学习者的思维方式、学习习惯、学习条件等的不同造成学习设施并不是适合每个学习者，所以可利用信息技术，设计不同的媒体组合，构建不同的学习环境，来适合不同学习风格的学习者。为了做到这一点，学生个性的测定，特别是认知方式的检测，将成为教育研究的重要课题。

（4）学生学习自主化

随着建构主义和人本主义在教育领域的广泛应用，以教师为主导、以学生为主体的教育思想日益得到认同，利用信息技术支持自主学习成为必然发展趋向。事实上，超文本、超媒体之类的电子教材已经为自主学习提供了极其便利的条件。教师、课堂、教材等都可以成为变量，学生可以根据自己的意愿，选择适合自己的学习方式。

（5）学习活动合作化

通过合作的方式进行学习活动也是当前国际教育的发展方向。信息技术在支持合作学习方面可以起重要作用，其形式包括通过计算机合作（网上合作学习）、在计算机面前合作（如小组作业）、与计算机合作（计算机扮演学生同伴角色）。

（6）教学管理自动化

利用计算机管理教学过程的系统叫作 CMI（计算机管理教学）系统，包括计算机化测试与评分、学习问题诊断、学习任务分配等功能。最近的发展趋向是在网络上建立电子学档，其中包含学生身份信息、活动记录、评价信息、电子作品等。利用电子学档可以支持教学评价的改革，实现面向学习过程的评价。这种评价将促使人们注重学习的过程、思维的过程等。

（7）教育环境虚拟化

信息化教育的重要特征之一就是教育环境虚拟化，它意味着教学活动可以在很大程度上脱离物理空间、时间的限制。目前，已经涌现出一系列虚拟化的教育环境，包括虚拟教室、虚拟实验室、虚拟校园、虚拟学社、虚拟图书馆等。

(8) 学生学习终身化

信息化教育倡导终身学习，以人的发展为本。信息化教育的教育环境虚拟化为学习终身化奠定了基础。现代社会知识的更新速度是相当快的，周期也较短。而且，随着科技的发展，这种速度会更快，周期会更短。因此，不能将学校视作一个为学生的一生准备一切的地方，而是把学校教育当作人生学习过程中的一个基础阶段，个人从出生到死亡必须保持学习。与此同时，社会就必须提供更多的学习机会，但是由于时空的限制，传统的学校教育无法满足人们日益增长的学习需求。而对信息化教育而言，由于其学习环境的虚拟化，较好地解决了这一矛盾。因此，信息化教育更能适应人们未来的学习需求，符合终身学习的时代要求。网络教育将为终身学习开辟新的时代。

2. 信息化教育宏观角度的特点

从宏观角度来分析，信息化教育具有以下几个特点。

(1) 信息化教育以现代化教育观念为指导

现代化教育观念是在传统教育观念的基础上发展起来的，它具有以下三点内容：

第一点，从终身教育的广义角度来考虑整个教育问题，改变了过去“学校教育就是教育的全部”的狭隘教育观。

第二点，倡导人的主体性，相信学生的自主学习能力，承认、尊重和发展学生的个性，强调个别化教学与学习。

第三点，强调教与学的辩证统一，既重视教师教的作用，也重视学生学的作用。

因此，在现代教育观念指导下的信息化教育教学将不再停留在封闭式地传授知识和技能上，而是以素质教育为指向，强调创新精神与实践能力的培养。

(2) 信息化教育以丰富的教育信息资源为基础

信息化教育中，教育资源是关键，特别是利用超文本、超媒体技术建立起的教学内容结构化、动态化、形象化的教育资源尤为重要。没有丰富的、高质量的数字化教育资源，就难以促进学生自主学习，更难以让学生在学习中进行自主的发现和自主的探索；教师主宰课堂、学生被动接受知识的不良状态就难以得到改变；新型教学结构就不能被较好地创建起来，对于创新人才的培养也就不能实现。

(3) 信息化教育以新型教学模式为核心

信息化教育是以基于现代教育技术构建的新型教学模式为核心的。该种教学模式提倡以学习者为中心、在教师指导下的学习。在信息化教育中，学生、教师、教学信息、学习环境等因素相互作用、相互联系，构成一个开放的、系统化的信息化教学模式。这个模式的最终目标是使学生学会学习、能够学习，培养和提高学生的信息素养、创新精神与实践能力。

(4) 信息化教育以现代信息技术为支撑

信息技术在信息化教育过程中所起的作用是，通过多媒体技术、计算机技术和网络技术，以学习者最容易接受的方式呈现信息，以最快捷的方式传递信息，以最符合人的思维规律和思维习惯的方式处理信息。由此可见，现代信息技术在信息化教育中起到支撑作用。当然，上述作用是通过充分发挥信息技术的特殊技术优势，构建起有效的呈现、传递、处理信息的新型教学模式而得到充分发挥的。

（四）教育信息化的意义

教育信息化是教育事业中一个新的发展阶段，是一项跨世纪的伟大工程。它关系到国家和民族的未来兴衰，对教育和教育的发展具有重要的实践意义，具体表现在以下几个方面。

1. 是实现教育现代化的重要步骤

实现教育现代化的重要步骤就是教育信息化，同时，教育信息化也是教育现代化的重要内容与主要标志。教育信息化是以信息技术作为发展工具而推动社会生产力快速发展的历史进程，是现代科学技术革命的必然结果，是人类进入信息时代后一种全新的教育形式。教育现代化包含多个要素，如教育思想、教育方法、教育设施、教育技术手段、教育内容以及教育管理等多个方面的现代化。教育现代化的实现离不开教育信息化，因为教育信息化不仅提供了教育现代化的方法、途径和前提，同时也为教育思想、教育方法、教育手段、教育管理等方面带来了深刻的变革，极大地丰富了教育现代化的内容。这些深刻的变革将成为教育现代化研究的重要内容和实现教育现代化的主要标志。在当今世界的教育改革与发展中，教育信息化已成为推动教育现代化的普遍共同趋势，没有教育信息化的支持，教育现代化的进程将无从谈起。

2. 是实现国家信息化的重要途径

首先，教育信息化在国家信息化建设中扮演着至关重要的角色，是国家信息化建设的重要内容，对社会进步有着重大而深远的意义。其次，教育信息化不仅是国家信息化建设的重要支撑，更是承担着培养信息化人才的重要使命，为其他信息化提供技术和智力方面的基础。最后，教育信息化也是国家整个信息产业的重要构成部分，每年数百亿的市场规模拉动着对于硬件、软件及服务的需求。

3. 促进了创新人才的培养

教育信息化为培养学生的创新能力提供了行之有效的途径。第一，它打破了教育环境的时间和空间限制，使得学生随时随地可以查询自己想要了解的信息，为教育模式带来了全新的可能性。第二，通过利用网络和多媒体技术，教育信息化为学生提供了更加自由、灵活的探索空间，使他们的视野得到了拓宽，提高了学生的实际创造力。第三，教育信息化采用“教师＋网络＋学生”的创新模式，将外部世界引入课堂，为学生提供更加贴近现实世界的学习体验，从而激发了他们的学习热情，实现了从“要他学”到“他想学”的转变。

总之，教育信息化意味着将教育纳入战略发展重点和现代化建设的整体布局之中，真正把教育信息化作为先导性、全局性、基础性产业摆到优先发展的战略地位上，其意义十分深远。

二、当代高校教育教学信息化现状

在过去 20 多年间，我国相继颁布了《2003—2007 年教育振兴行动计划》《国家中长期教育改革和发展规划纲要（2010—2020 年）》《教育信息化十年发展规划（2011—2020 年）》《教育信息化“十三五”规划》等文件。教育信息化在教育改革发展全局中的战略地位和作用基本确立，各项重点工作取得明显进展，教育信息化逐渐实现从建设转向深度融合。经过这些年的努力，我国无论是教育信息化基础设施的建设、教育信息资源建设、教育软件资源建设，还是教学资源的利用、信息技术的普及以及教育信息化的政策、法规的完善，都取得了极大发展。但我国大学生教育教学信息化依然存在一些问题，具体表现在以下几方面。

（一）对教育信息化的认识不够充分

虽然教育信息化在我国教育事业中的普及已经达到一定的水平，但是有些高校对教育信息化的认识还不够充分，主要表现在：第一，有些高校对教育信息化的重要性还没有充分的认识，只是觉得教育信息化建设就是建立校园网等基础设施，忽略了信息资源、教学平台等多方面的同步建设，没有将其作为一项重要的工作来抓；第二，有些高校虽然在这方面做了一些工作，但没有建立教育信息化的领导决策机构，也没有制定教育信息化的总体规划；第三，有些高校把教育信息化等同于教育管理信息化，忽视了教学信息化这一教育信息化的核心，重管理轻教学；第四，有些高校在信息化建设的机构设置、人员编制上没有到位，没有形成相应的信息化建设队伍。

从表面上看，教学信息化带来的首先是教学手段的现代化、多媒体化，实际上，深层次的变革则是教育教学观念的转变、传统教学模式的改革。据了解，一些教师对教学信息化的理解仍然只是使用多媒体进行教学、制作幻灯片课件、使用有关图片和音像资料、与学生进行邮件交流等。还有一些高校教师已经习惯了多年不变的教案和教学模式，不愿意运用新的技术和方法进行教学活动，这种守旧的观念，很大程度地制约着高校教育信息化的发展。

（二）信息资源建设滞后，缺乏协调与合作

教育信息化的核心是教学信息化，教学信息化的基础是信息资源建设。不管是国家教育行政部门还是各个高校，对教学资源的信息化建设都非常重视，并不断加大教学资源信息化建设的投入。但目前我国还有一些高校的信息资源建设严重滞后，普遍存在着信息高速公路上有路无车、有车无货现象，如教学信息资源质量不高、资源利用率低。许多教学信息资源库容量很大，但是无法精确定位，教师在教学中利用资源库的次数很少，资源库的利用率很低；缺乏教学信息资源管理的概念，仅仅把各类教学内容上传到网络服务器，没有进行很好的分类整理，很难有效地实现信息交流与资源共享，也很难在资源建设的基础之上开发更为智能的应用。这就造成广大师生对信息设施的使用仅限于一般的信息浏览、发送邮件等基本的应用，远不能满足其在教育教学过程中对信息资源使用的需求。究其原因，一是在宏观上教育行政部门缺乏有力的指导和协调，推动的力度不够；二是信息资源建设缺乏相对统一的标准，在开发上大家各搞各的一套，造成重复建设，并为以后的兼容留下隐患；三是高校“各自为政”，在相对封闭的情况下开展教育信息化建设，在信息资源建设上缺乏协调和合作，使得“信息孤岛”不断产生，分散了信息资源建设的人力和物力，信息资源也被大量浪费，所以建立相应的配套政策和协作机制迫在眉睫。

（三）师资队伍建设不符合教育信息化建设的要求

教育信息化的实施对教师队伍的素质提出了更高的要求，因为教师是这一领域中不可或缺的实施者。教师素质包括思想道德素质、专业知识技能素质及身心素质等方面。在当今信息技术构建的全新学习环境中，教师不仅需要具备一般教师所需的基本素养，还必须具备适应信息时代的新型教师所需的素质。新时期的教师必须具有现代信息意识、创新精神、信息处理技能等基本素养。然而，当前我国一些高校的师资队伍在素质和能力方面仍有很大的提升空间，他们仍然遵循

着传统的教育教学观念，没有对其进行更新，对于信息化背景下的教育教学资源、教学方法、学习理论、教学系统设计等知之甚少，缺乏信息技术应用能力，不符合教育信息化建设的要求。

造成这一现象的根本原因在于两个方面：一方面，传统教育对教师的教育思想和观念的影响较为深刻，因此需要经历一个漫长的过程，他们才能接受新的思想观念，才能适应时代发展的需求。另一方面，在教育信息化的浪潮下，高校教师的知识结构、综合素质和信息化能力都面临着更高的挑战。他们必须更新教学观念，在教学中运用现代教育信息技术以及全新的教学方法和手段，激发学生的学习兴趣；要具备良好的信息意识与信息素养，将课本上的知识与网络上的信息联系起来，开阔学生的视野，促使其更好地学习。在我国高校的师资队伍中，完全具备这些能力与素质的人员还相对较少，这支队伍还无法适应现代教学信息化的要求，这不利于教育信息化的建设。

（四）对教育信息化建设的经费投入不足

高校的教育信息化建设包括硬件建设以及软件建设，这是一个长期的过程，在建设过程中需要耗费大量的物力、人力和财力，投入较大。但是，目前普遍来说，很多高校的办学经费比较紧张，这就使得其无法在信息化建设方面进行较大投入，这也在一定程度上限制了高校教育信息化的建设与发展。而且，一些学校由于经费紧张，减少了信息化建设的投入；还有学校将大量的资金投入到科研建设中，学生的教育教学管理的配套设施还停留在勉强维持的状态，不仅制约了自身的发展，也影响了教育教学管理人员工作的积极性、主动性和创造性，使信息化建设停滞不前。

三、当代高校教育教学信息化建设路径

教育信息化关系到整个教育改革和教育现代化的系统工程。发展教育信息化是使我国现有的教育系统适应信息时代对新一代公民教育的基本要求，尤其是对于当代大学生的教育教学工作，教育信息化是必然趋势，是培养高级复合型人才的必然要求。因此，要大力加强当代高校教育教学信息化建设，以培养出合格的现代化高级复合型人才。

（一）教育教学信息化建设的内容

有学者根据我国教育信息化建设的指导思想总结出，教育教学信息化建设的

内容主要应包括“四件”建设：硬件建设、软件建设、潜件建设和人件建设。[①]

1. 硬件建设

硬件建设就是基础设施建设，是整个教育信息化的基础性因素。没有硬件建设的发展，就根本谈不上整个教育的信息化。硬件建设的基本目标是建立能使教育者和学习者广泛受益的计算机及网络硬件环境，并能够持续地运行、维护和及时更新。硬件就是信息技术设备和设施，主要包括国家教育网、各级教育网、校园网、电子图书馆、网络教室、多媒体教室、电子阅览室以及相关的仪器设备（电视机、录像机、摄像机、计算机、投影仪等）。

2. 软件建设

软件建设的基本目的是为学习者、教师及教育机构提供高质量的软件工具、教育资源和相关服务。软件建设的基本内容包括各类教学平台、学习平台、管理平台、学科资源库、素材库、电子教材、网上课程等。

3. 潜件建设

潜件就是用于组织、控制教学的理论基础和相关学科的研究成果（心理学、学习理论、教育学、传播理论、系统方法等）。潜件建设就是信息技术理论和方法的建设，主要是指教育信息化的理论基础、教育信息化建设的基本理论和方法的建设。潜件建设的基本目的就是保证教育信息化实践有坚强的理论指导，使之健康快速地发展。

4. 人件建设

技术是教育信息化中的关键因素，但是技术只有为人所使用才能转化为现实的教育生产力。人件建设的目的就是使学科教师、学生、技术统筹人员、管理者能够适应教育信息化的要求，具备信息化环境下的各种知识技能，并掌握其运用方式。教师、工作人员能充分提高自己的工作效率，树立现代化教学观念；学生能提高自己的学习效率，培养现代化学习观念；管理者的管理能够满足教育信息化的需求，更好地服务于教育教学，树立起现代化的服务观念。

教育信息化要从硬件、软件、潜件和人件四个方面同时进行，它们之间相辅相成，缺一不可。

（二）当代高校教育教学信息化建设路径探析

1. 改变教育观念，提高对教育信息化的认识

要实现当代高校教育教学信息化建设，首先就要改变传统教育观念，这是重

① 张豪锋，张水潮．教育信息化与教师专业发展[M]．北京：科学出版社，2008.

中之重。在教育之中，教育技术与教育观念之间有着十分密切的联系，二者相互影响，相互促进。高校只有从根本上改变教育观念，提高对教育信息化的认识，才能够迅速展开教育信息化的相关策略，实现当代高校教育教学信息化建设。高校要树立"以人为本"的教育理念，以学生为本，借助现代化教育技术优化教学资源，提升教学水平，推动教育事业快速发展。

随着时间的推移、社会的发展，信息化不仅改变着人们的学习方式和生活方式，而且还深刻地影响高等教育的方方面面。在高校之中，要实现信息化建设，不能急于一朝一夕，要在不断发展之中促进其更快更好地实现。高校的信息化建设促进了学校的教学手段、教学方法的变革，同时也促进了文化的变革。现如今，人们已经迈入了21世纪，信息化发展愈加流行起来，进入人们的工作、学习与生活之中。高校教育部门的决策者以及主要领导要深刻认识到这一点，高度重视高校信息化建设，将其纳入学校发展规划之中；同时，在建设高校信息化过程中，也要注意学校本身的规模、经济以及信息化水平，逐步递进，不断发展。

2. 加强基础设施等硬件建设以及信息资源等软件建设

教育信息化建设中，硬件建设与软件建设同样重要，因此要同步建设、共同发展。

（1）基础设施的建设

高校信息化的实现离不开网络基础设施建设，这是不可或缺的前提条件。因此，在高校信息化建设过程中，加强对校园网络基础设施的规划与设计就显得尤为重要。在高校之中，其网络基础设施建设主要指校园网络的构建和完善。校园网建设是一项涉及方方面面的系统工程，一朝一夕之间无法完成。随着信息技术的蓬勃发展和广泛应用，校园网逐渐被越来越多的学校所应用，并逐渐成为虚拟数字信息世界中学校的重要形象，是虚拟数字世界中学校与外界沟通的重要窗口。校园网以其开放性、共享性等特点，为广大师生提供了便捷高效的数字化服务环境。在校园信息化建设中，校园网是一项不可或缺的基础设施，扮演着至关重要的角色。目前我国大多数大学都拥有了自己独立的校园网，并且还将有越来越多的大学建立起有自身特色的校园网，以适应社会经济文化生活的需求。在校园信息网络系统的建设过程中，必须遵循科学规划、审慎实施、通力合作的原则，以确保其覆盖全校、技术领先、功能完备。在校园网的建设过程中，要注意确保其具有较强的开放性，确保师生共享信息资源。同时，还要注重适当的超前性和高度可靠性，即要确保其能够满足大量数据的存储、交换等方面的需要，同时在分布信息点过程中要注意考虑教学、科研、信息检索等空间的数据密度。

（2）信息资源的建设

现代文明的三大支柱包括信息、材料和能源，它们共同构成了生产要素、无形资产和社会财富的重要部分。随着科学技术水平的提高和信息技术的发展，人们对信息的需求不断增加，特别是现代远程教育，要求学校必须拥有大量先进而又丰富的教学手段和设施来满足学生学习知识和获取信息的需要。在数字化教育的领域中，信息资源扮演着至关重要的角色，是不可或缺的组成部分。因此，教育信息化建设的重要性显而易见，它是推动教育现代化的关键所在。随着信息技术的发展以及人们对信息需求的不断提高，教育信息化建设成为必然。教育信息化的核心在于建设教育信息资源，这也是教育信息化建设的长期使命所在。目前我国的高校教育信息资源存在着数量多而质量低、资源冗余重复等问题，因此，必须实施多种措施，以促使教师、管理人员和技术人员对教育信息资源进行整合，开发和制作符合标准、规范、具有特色的信息资源，从而构建一个集课件、电子教材、学术文献数据库、管理数据库等多种功能于一体的信息资源库。其中，要注意的是，为了方便广大师生进行信息共享和利用，信息资源的开发和建设必须遵循一致的规范和标准。在此基础上，为了实现高校内部以及高校之间信息资源的共享和互换，高校还需要制定一套统一的信息采集标准和信息编码标准，以促进校内和校际的协作。

3. 加强师资队伍信息化培养等人件建设

活跃在教育领域的信息化人才，包括利用信息技术从事教育、教学、管理及其他服务的各类人员，主要有教师、管理人员、技术类人员和理论研究人员。高等教育信息化的成功离不开多元化的师资团队，他们需要具备多方面的专业知识和技能，总体来说，高校教育信息化需要培养四个方面的师资队伍。第一，信息化教师队伍，教师要进行信息化教学必须要掌握信息化的相关知识与信息技术应用能力；第二，信息化管理队伍，高校之中参与教育管理的相关人员也要了解现代信息技术与知识，这样也便于对高校师生进行管理，提高效率；第三，信息化技术维护队伍，在高校信息化建设过程中，需要构建信息化基础设施，要确保其始终能够正常运行；第四，信息化理论研究队伍，在教育信息化建设过程中不可避免地会出现一些问题与情况，要想使教育信息化能够高效推进，就必须要针对这些问题与情况展开分析、研究，总结其中的经验教训，为教育信息化建设提供理论上的指导。教育信息化建设的程度取决于高校全体人员所具备的信息素养水平。在高校之中，这四类师资队伍的信息素养影响着教育信息化建设的程度，因此，在对高校各类人员进行培训之时，要将现代信息技术教育纳入其中，完善人才培养机制，不断提升他们的信息素养水平。

第二节　高校科技创新与管理

传统的科研管理是依照计划管理的模式，对项目和成果进行的一种程序化管理，其关注的重点是计划、组织与指挥，而对科技资源配置、科技创新与市场开发应用等关注不够。当今市场经济条件下，传统模式的科研管理要转变为创新、经营型的科技管理，即向管理产业方向发展，使高校科技工作更好地适应建设创新型国家的需要，寻求高校科技工作更广阔的发展空间。高校科技管理的基本职能就是实现高校自身具有的科学研究、知识创新和转化功能，对高校的人、财、物等资源进行配置、协调和控制，以实现效率与效益的双重提高。高校科技管理主要包括科技规划的管理、科技资源的配置、科研项目的管理、科研队伍的管理、科研机构与科技产业的管理、科研经费的管理、科研学风建设、科技管理队伍的建设和科技情报与信息交流等。高校科技管理工作是一项系统工程，其组成体系包括管理体制、运行机制、科技法规、科技工作制度规范和科研工作的评估等。高校科技管理的目标是，优化科研条件和资源配置，追求更多更好的科研成果的产生；建立高校科技与经济、社会协调发展的新机制，走可持续发展的道路；减少科技资源浪费和重复研究，使科研投入获得最大的回报；充分调动科研人员的积极性，推动学校科技工作的开展，促进社会经济的进步。

创新科研管理模式需要高校对科技管理体制、运行机制进行及时的改革和更新，要充分利用高校的科技优势，让科研面向市场，完成国家的科研目标。这有利于整合、凝聚队伍，有利于激发原始创新激情，有利于成果转化和科技产业化。通过资源配置、政策引导，推动和激励高校科技创新体系在国家创新体系中发挥巨大作用。这是高校科技管理体制改革的核心部分。

高校科技管理由传统的科研管理模式向创新、经营型的管理模式转变，要转变管理方式，克服传统计划管理的低效弊端，进行创新管理，以提高效益和管理成果。在科技创新过程中，要特别强调市场的导向作用，以效益为中心。高校科技管理要按照市场需要配置学校各种资源要素，实行优化组合和科研结构调整，保障多学科队伍的凝聚、多学科综合问题的研究，强化基础研究、应用研究和技术开发与集成的有效连接，有效地解决重大综合性科技问题。要根据高校科技发展和重大项目实施的需要，对不同的科技活动建立不同的机制和管理模式。学校要明确科技产业与学校的产权关系，按照现代企业制度组织运行，走集团化、产业化道路。

科技管理工作要管理与服务并重。科技管理部门必须建立起适应科技创新体系建设和运作的效率机制，在系统要素的积极互动中，实现整体效益的提高。科技管理要强调对科技创新的全过程的全面管理，特别是对预研、组织、策划、申请与合同洽谈、签约等项目立项前期管理予以重点关注。项目立项后，要对进度安排、人员调配、经费使用、仪器设备和督促检查等做好实施管理。项目完成后，则要做好成果发布、专利申请、成果推广、科技产业孵化与示范、新思路与新项目的规划等后期服务工作。高校科技管理要充分发挥在科技成果开发和转化过程中的桥梁与纽带作用，为学校的科技成果面向市场提供从选题立项、技术合同签订、专利申请、技术转让、技术入股、技术成果商品化和产业化，到经济、政策、金融、法律、信息咨询和市场开拓等全面性服务。

在计划经济管理体制下，科技管理主要依赖于行政手段，科技立法、执法和司法工作十分薄弱；在市场经济条件下，必须强化科技管理的法律和制度手段。高校要依据国家在科技领域的法律法规，依法保障和促进科技进步，健全适应科技发展需要的管理制度。随着科技体制的改革、健全和完善，高校要配套建设具有针对性和可操作性的规章制度。要建立科学、规范的科技工作目标责任制和科研奖惩制度，进一步研究、加强学术团队的建设与管理，在如何最佳配置有限的人力与财力资源等方面下功夫，提高教师、科技人员的积极性，形成教学与科研相互促进、相互结合的良好氛围。要通过加强制度建设，引导好、保护好、使用好学校宝贵的人才资源。

一、高校科技创新模式的构建

（一）产学研结合的模式

产学研结合是产学研各方面按照各自的需求和条件组合，在组合过程中，以共同利益为原则，形成的共同利益联合体。产学研结合符合当前经济、科学技术和教育的发展规律。对于大学来说，产学研结合有利于大学体制、人才培养模式和教育教学等改革，有利于大学学科专业、师资队伍和实践基地建设，有利于大学科技创新工作的可持续性发展，是大学教育改革发展的新途径，是大学面向社会、适应社会需要、服务社会和促进社会经济发展的重要方式，能够帮助大学培养具有创新精神和实践能力的全面发展人才。对企业而言，产学研结合同样具有重要意义。企业通过产学研结合，可以借助外部力量，加快研究开发进程。它是企业提升创新能力的现实选择和重要途径，对保持企业技术创新的先进性十分必要，同时也为企业的科技人员创造了知识更新和提高的良好机会。

产学研结合的基本特征是源泉、动力与导向的有机结合。大学是知识创新的主体、知识优势的本源，如果没有大学，产学研结合就会丧失源泉。企业是技术创新的主体、物质财富的直接创造者，如果没有企业，产学研结合就会丧失动力。导向则是政府部门，政府部门根据社会经济的总体利益和长远利益，制定发展规划和实施纲要，并采用组织项目申报、项目招标等形式，将产学研各方集合在一起。政府为产学研结合规定了发展方向，如果没有政府导向，产学研结合就会困难重重。源泉、动力与导向结合得好，产学研结合就会生机勃勃，反之就会步履维艰，甚至半途而废。不同类型、不同学科特色的大学与不同规模、处于不同发展阶段的企业具有不同的产学研合作方式。我国产学研结合的主要模式有以下几类。

1. 以技术协作为主的契约型

这种合作模式由企业和大学共同承担风险，是我国的产学研协同发展最主要的技术经济组织形式，这种契约型的合作模式要求合同双方共同投资、经营、盈利，并且要共同承担风险和责任。合同双方主要靠合约和利益保持契约，一般采用基于项目的委托（合作）开发，企业提出需求并提供经费，以契约形式委托大学开发或合作开发，产权归企业或在合同中约定。量大面广的科技型中小企业多采取委托开发的方式；有一定规模和技术实力的大型企业，更多采用合作开发的方式，双方优势互补。契约型的合作模式主要是关于技术和生产方面的合作，在资金、人才、设备、销售和管理等方面也会进行一定的合作，在科研、设计、试验、生产和销售等各个环节都充分发挥合作的作用，从技术到生产再到销售的整个合作过程中实现各个环节的一体化。合作的组织形式既可以是松散型的，也可以是董事会领导下的经理负责制等紧密型的。其具体合作方式主要有以下几种。

（1）合同转让方式

这种方式适合部分成熟的、投资少且效果好的技术出让，一般确定的是短期合作关系，合同到期后大学和企业的合作关系就会解除。大学在与企业签订技术转让合同之后将研发的工业生产技术转让给企业。但这时企业一般会出于自身利益考虑而限制大学将技术转让给其他企业。这不利于大学发挥社会功能，也会影响该技术后期的开发。大学在签订完转让合同之后只需履行合同上规定的内容，但这种方式不是最符合大学利益的方式，并且在对技术的估价和转让费的确定上也需要大学和企业长时间的沟通和协调。

（2）定向开发方式

这种方式是某些在资金、设备和人才及科技力量等方面存在不足之处的企业较为偏向使用的方式，一般这种方式确定的合作关系较为长期固定。这种方式是由企业向大学的技术开发部门提供科研资金，使大学定向开发单个项目、单项技术或向企业提供某项技术的长期咨询服务。这种方式对于企业来说，有利于将技术快速转化为生产力，能够使企业在较短的时间内研发出自己的产品并创造经济价值，能够将科研、设计和生产等环节结合为一个完整的过程，提高企业的生产能力，促进企业的技术进步。这种方式还有利于大学与企业结合，能够进行技术的后续及系列开发，为建立长期、稳定的技术、经济联合奠定了基础。其不足之处是不利于大学社会功能的充分实现，并且产权关系不清晰。

（3）网络化订单方式

网络化订单方式和以往的产学研模式的最大不同是，由企业提出在发展中遇到的技术难题，配以研发经费，在网上或媒体上发布；有研发能力的大学或研究机构通过上网了解这些信息，并可以利用网上的洽谈室进行洽谈，最终达成合作协议。这种模式的好处是，根据企业需求寻找研究机构，利用当代信息技术高速发展的成果，通过计算机网络，将企业与大学很好地结合起来，使之组合成一种能快速反应的、超越空间约束的、靠电子手段联系的统一的联合体。这种新的产学研一体化模式将生产与教学、科研很好地结合在一起，达到了优势互补的目的，是一种个性化定制的模式。这种模式使得研究出的成果比较符合企业的需求，成果能够很快转化为生产力，大大提高了产学研合作的成功率，减少重复研发的浪费。

2．以研发基地为载体的共建型

大学与企业共同联合，根据技术发展需求，建立为企业提供服务的研发机构，有的建在企业内，有的建在大学内；也有一些高新技术企业通过与大学联合建设研发中心或重点实验室，推进企业开展行业前瞻性技术研发。这种类型的合作模式主要有以下几种。

（1）高新技术产业开发生产基地

这是深圳清华大学研究院创建的一种模式，这种产学研结合模式是适应科技创新机制的产物。过去，我国的经济与科技相互脱节，真正实行产业化并形成规模效益的科技成果远远低于发达国家的水平。高新技术产业开发生产基地的目标是向更高层次、具有自主知识产权的科研领域发展，以市场为导向，大力推进科技成果转化。这种产学研结合模式既突破了原有的科研体制，又突破了原有的教育体制，集科研开发、产业发展和教学培训于一体，充分发挥科学研究、成果转化和人才培养等多种功能。在促进大学高新技术成果实现产业化的同时，依托大学的科技优势，紧密结合企业和市场的需求，吸引国内外的高新技术项目进入孵化基地，创造高新技术产业新的增长点。高新技术产业开发生产基地是依据市场要求，按照企业化运作的实体，它坚持经济效益与社会效益并重，既依靠大学的师资力量开展多种形式的人力资源开发工作，又开展学术交流，还设立企业服务中心，为企业的技术创新、经营管理、市场营销提供支持等；同时，推动高新技术产业发展，构成基地的产业群。

（2）学科性公司

这是由中南大学提出的一种模式。学科性公司依托学校学科优势，以科技成果作价入股，与社会投资结合，组建科技型企业，运用现代企业制度，在市场经济环境下，更有效地开展成果转化和高新技术产业化，并推动学校学科建设的发展。通常情况下，学科性公司的总经理负责公司的生产组织、市场营销和公司的日常事务等，其由社会投资方或由企业和大学共同指派；公司董事、技术总监等职务一般由学校的教授担任。这种模式对于充分利用学校资源、实现资源的最佳配置、推进成果转化、促进高新技术产业化、促进学科进步等方面具有关键性的作用。

3. 技术入股或实体的一体化型

（1）实体的一体化

这种模式包括内部一体化和外部一体化。内部一体化模式是大学依托某项研究成果创建企业并直接提供技术服务，逐渐建立起一个独立经营的经济实体或能够自负盈亏的科研型企业，相关科研人员进入这个由大学建立的企业就能够实现产学研的有机结合。这种模式能够激励大学研发技术成果，保持与社会的紧密联系，并且能够促进科研成果以更快的速度转化为社会生产力，加快社会的经济发展。尽管该模式有诸多优点，但其与大学管理体制存在的矛盾尚未解决，并且存在使用范围较窄、大学管理人才不足、与大学的使命不完全相符、产权不清晰等问题。

外部一体化模式是指多个产学研单位联合起来，以形成一个更大、更完善的组织，同时保持原单位的机构性质和属地关系。这种模式下，单位之间互相协作，形成更紧密的合作关系，集中各自的优势，从而更好地实现共同的目标。外部一体化模式是一种理想的模式，因为它可以促进教师、科研人员和管理人员之间的思想交流和信息交流，达到共同进步的效果。将产业、学术和研究资源整合起来能够实现优势互补和资源共享，发挥综合优势，提高资源利用效率。随着结合层次的提高，对于一体化合作所需的条件、能力和要求也越高。如果决策者没有充分考虑到市场因素和合作条件，并且没有仔细研究如何达到目标，那么一体化合作也会遇到很多风险和问题。

（2）技术入股方式

这种方式属于更高层次的合作模式，大学通过向企业提供技术来获得企业的一部分股份，与企业形成一种融合关系，二者命运相连，休戚与共。技术入股有两种形式，一种是研发开发型的技术入股，具体来说，就是大学和企业合作，共同研制开发全新的产品和工艺，共担风险并分享利润；另一种是技术转让型入股，大学可以将自身的专业技术提供给企业，作为交换，企业会给大学一部分股份，大学以此向企业进行投资，并最终享有相应的收益。

这种合作形式更适合那些需要长期合作和进行系列技术开发的情况。产学研结合中的技术入股方式是一种非常重要的形式，可以有效促进高新技术成果的转化和产业化，从而在应用基础研究、应用研究和技术开发等方面实现全流程管理，同时还可以一步到位地进行产品开发、商品开发和市场开发并且延长创新产业链，合作效果良好。

（3）技术资产经营方式

这是由清华科技园提出的模式。技术资产经营模式的基本思想是，由一家公司主导，为每一个科技项目配备资金、经营团队，进行技术项目的产业化，等到项目基本成熟后，再将其独立为公司。如2001年注册成立的清华科技园技术资产经营有限公司。

这种方式是由清华大学创建并参与的。这种方式是将学校的科研成果、科研人员和技术平台比作实验室的“苗”和“土”。科研成果就是幼苗；科研人员和技术平台就是确保幼苗成长的土壤；“带土移植”指的就是让参与科研项目研发的科研人员暂时进入企业，全程参与项目转化为产品和生产力的过程，确保项目能够顺利实现转化和产业化。这种模式不仅对学校的教师适用，而且也对在校的学生适用，促进了产学研结合的发展。

（4）代理创业方式

这种模式的特点是，鼓励科技项目研发者认同的其他人，特别是科技项目研发者的研究生代替研发者本人，以研发者的科研成果进行创业，同时也进行科技成果的产业化。其好处是，既可以保证研发者不离开现有工作与岗位，又可以保证科技成果转化过程中，得到研发者的信任与持续的支持。

4. 产学研合作战略联盟

产学研合作战略联盟以战略联盟的形式将企业和大学紧密联系在一起，是双方围绕某个特定领域共同进行新技术、新产品的研究开发和人才培养的一种新型组织形式。这种合作模式建立的组织是一种由合作双方共同承担责任、共同分享利益的松散民间经济组织。一些大学与相关行业的重点骨干企业展开合作，按照自愿结合的方式由市场主导建立联盟。产学研联盟主要关注企业与大学之间的产学研合作是否能够保持长期稳定以及企业的重大战略产品和重要项目是否得到有效开展，是助力产学研合作向上发展的重要形式。

产学研合作战略联盟基于高层互动、整体运作和共同发展的机制来运作。在实际的运作过程中，由大学负责提供人力、科技资源和通用科研设备，企业则为其投资并提供某些较为昂贵的专用科研设备，运作场地根据实际情况由某一方提供。该联盟实行委员会制，由企业高层管理、技术人员以及学校高层管理和相关学科带头人共同组成委员会。研究课题由企业根据自身战略发展计划和需求来制定提出，经过委员会的一致同意后由企业出资支持研究工作的开展，最终由企业负责将研究成果进行转化和产业化，研究成果为企业所有。

（二）大学科技园区建设

大学科技园是大学或大学群体利用大学的人才、技术、信息、实验设备和文化氛围等各种综合资源优势，在政府政策引导和支持下通过风险投资等多种投资方式在大学周边地区建立的高科技园区，旨在促进技术创新和企业孵化。其通过整合大学综合资源和其他社会资源，服务于知识生产、技术创新、科技成果转化、高新技术企业孵化活动和复合型创新创业人才培养，助推区域经济快速发展。大学科技园通过充分利用大学学科全面、信息畅通、人才众多、成果丰厚的优势，为科技人才提供创新和创业的平台，并促进大学智力资源与其他社会资源的优化协同，在国内和国际上都已被证明能够有效推动高新技术成果转化。积极推动大学科技园的发展，充分利用大学的人才和技术优势并将其转化为经济效益和产业生产力，对于我国高新技术产业发展和经济增长、国际竞争力和综合国力提高具有重要意义。

1. 大学科技园的功能

大学科技园在推动科技创新、促进成果孵化以及培养人才方面具有不可或缺的作用。许多国家通过创建大学科技园来推动高新技术的发展并促进区域经济的繁荣。大学科技园是一种能够加快科技创新、成果转化、人才培养和经济发展的重要高新技术产业集聚形式，已有许多成功的案例。1951 年，美国斯坦福大学创立了全球最早的大学科技园，此后该科技园迅速发展成为全球知名的“硅谷”。从 20 世纪 70 年代起，大学科技园在世界范围内迅速发展，不仅在发达国家，在许多发展中国家中也得到了重视，并呈现出多种不同的形式。我国大学科技园从 20 世纪 90 年代起步探索，经过多年发展，取得了显著成绩。大学科技园的功能主要表现在以下三个方面。

（1）高新技术企业孵化基地

大学科技园的主要任务是利用大学的科技资源和优势，将具有市场潜力的科技成果推向市场，实现科研成果向产品和生产力的转化，并创立新的企业。大学科技园在技术创新过程中扮演了一种孵化器的角色，从应用研究开始，经过小规模试验等阶段，直到达成产品化。这也是大学科技园和高新技术开发区之间的一个重要差别。

大学科技园要充分利用大学的技术和人才优势，为高科技企业顺利度过初创期创造良好的条件和外部环境，为其提供全方位的全程服务，建立完善的孵化体系和各种不同类型、不同形式的孵化器，充分发挥孵化功能，使更多初创企业能够迅速发展壮大，将更多的科研成果转化为经济生产力和产品，为社会作出贡献。大学科技园的基本功能中，通过为初创企业提供创业服务实现其成功“孵化”是最为生机勃勃且前途光明的一种。

（2）创新人才基地

大学科技园是为培养和促进创新创业人才的成长而设立的培育基地。大学科技园充分利用大学学科齐全和专业人才众多以及靠近创新源头等有利条件，吸引大学在校生、大学毕业生、大学教师以及留学回国学生在科技园中创办科技企业，实现教学、科研与经济的有机结合。此外，大学科技园这一平台还可以吸引并集聚多种具备创新思维、创新能力的高素质人才，培养具备现代经营管理知识和创新创造能力的复合型人才。

大学科技园还为创新创业人才提供了实践机会，帮助他们锻炼并成长。大学科技园为优秀人才提供了充足的发展空间和更广阔的创业舞台，让有创新创业精神的人才充分施展才华。通过企业孵化和市场实践，大学科技园孕育了众多优秀的科技企业家和发明家。通过参与园区创新活动，大学教师和学生将理论与实践结合起来，不仅使大学教学内容更加丰富，提高了教学和科研水平，还有助于推动学科建设。大学科技园将教学、科研和科技产业有机地融合在一起，不仅是高新技术企业成长的温床，也是大学生实践的重要场所；不仅能取得成果和效益，还能培养出优秀的人才，从而促进教学、科研和科技产业的共同发展。

（3）科技成果集聚转化基地

大学科研体制深化改革已经持续多年，逐渐强化了科技成果的转化和产业化工作。由于诸多因素影响，大学的科技成果转化为产品和生产力的过程中存在许多阻碍。尽管大学的科技成果转化数量庞大，但质量却不尽如人意，具体表现为转化速度缓慢、效率低下。大学科技园为促进产学研合作和科技链与产业链快速对接提供了适宜的环境、灵活的机制和必要的资源。同时，大学科技园在技术与资本的运作中发挥重要作用，助力社会经济的快速发展。这样既促进了科技成果转化，又加速了科技企业的蓬勃发展。大学科技园主要依靠自主研发和部分技术引进，充分利用大学学科的优势积极推进技术开发，提高创新实力，最终获得具有自主知识产权的技术和产品。大学科技园通过对大学科技成果的转化并让其流向企业，促进了大学科研和市场的有机结合。这种结合有助于形成产学研良性循环，有效推动大学的教学、科研及社会经济的发展。

2. 大学科技园的服务体系

大学科技园旨在提供多元化的服务资源，为企业打造良好的服务窗口和支撑平台。

（1）服务窗口

要在大学科技园区内建设一个提供“一站式”服务的综合服务中心，实现投资、办证等事务的便捷办理。为了方便企业获得相关信息和服务，在企业的多个部门都需要设立相关服务机构。

第一，中介服务。大学科技园要吸引各种机构前来，如管理咨询、市场策划、法律、会计、审计、评估、专利、人才交流、技术转让、技术交易、市场推广和广告宣传等机构。这些机构可以为创业企业提供专业的中介服务，包括组织架构设计、技术开发、管理、法律和财务等方面的低成本、高质量服务。

第二，技术支持服务。大学科技园要向园内企业提供全方位的技术服务，包括新技术、新产品研发、技术创新、技术改进、国家创新基金申请以及对外技术输出等服务。要持续开拓新的渠道，聚集来自本地和外地潜力巨大的创新科技成果，整合各种创新资源，运用投资和技术手段，为初创高新技术企业提供资金和技术支持，帮助其快速成长。

第三，咨询服务。园内企业可以通过引入的律师事务所、专利事务所、科技和法律咨询公司、知识产权保护服务公司、会计师事务所等机构，获得企业管理、战略设计、市场策划、国际行销等方面的咨询服务，这些服务可以帮助企业进行项目投资分析、商业计划书编制、行业研究等。

（2）支撑平台

大学科技园需要与银行建立紧密的合作关系，以便为园区建设和企业发展提供必要的资金支持，如签署授信额度和按揭协议等措施。这样，园区的建设和入驻企业的发展就可以得到可靠的财务支持。

投融资平台。在大学科技园内创建一个多样化的投融资体系，重点建设风险投资机制，保证园内企业能够得到坚实的资金支持。大学科技园除了要进行自身增资扩股之外，还要积极为园内企业融资吸引各种投资银行、商业银行、风险投资公司、投资担保公司和科技创业投资公司等相关企业，并充分利用自身优势向这些风险投资公司以及其他风险投资专家和上市公司介绍、引荐园内初创高新技术企业，确保园内待孵化企业能够得到足够的资金支持而得以顺利发展。在企业进行合并、收购、上市等运作过程中，要向其提供咨询、法律、财务以及资产评估等多方面的服务。

后勤保障平台。在大学科技园内设立物业公司，负责提供社会化后勤保障和社区服务，以满足整个园区的需求。

网络化信息平台。大学科技园通过建立先进的信息网络技术平台，为想要创业的人和高科技中小企业提供信息服务。利用大学科技园网站及内部刊物来提供关于高科技产业、行业、项目、市场动态等方面的信息，建立一个可以促进园内企业信息交流和全方位合作的平台。

（三）科研基地的重点实验室建设

科研基地建设是科技创新的平台，重点实验室建设是科研基地建设的重要内容。重点实验室的建设要面向科技前沿和我国的现代化建设实际情况，基于国家的科技发展方针和经济社会中存在的重要科技问题，要保证研究的创新性。建设重点实验室可以将有限的研究人才和研究设备集中起来进行重点领域的科技研究，在国内、国际达到领先水平，通过开展研究工作，不仅可以取得高水平的研究成果，而且可以培养大批的高水平的研究人才。

1. 国家重点实验室的管理模式

国家对重点实验室实行分级分类管理。实验室的宏观管理由科学技术部负责，实验室的行政管理则由国务院部门（行业）或地方省市科技管理部门负责，实验室的具体建设和运营管理则由依托单位承担。实验室副主任和学术委员会副主任以及委员都由主任和学术委员会主任负责安排和任命。每年都要配合科学技术部和主管部门对实验室进行考核和评估。根据学术委员会的建议，向主管部门提出重大变更意见，以解决实验室建设和实验室的研究方向、任务和目标的调整等问题。

在建设国家重点实验室时，坚持遵循“三高一优两重点”的原则。“三高”指的是高水平研究机构、高校和高科技企业；“一优”指的是优秀的部门或地方实验室；“两重点”指具有突击前沿获取原始科学创新能力的专门学科实验室和集成关键性、原创性科学技术能力的跨学科综合实验室。

国家重点实验室应该成为一个由国内外优秀科研人才组成的科研中心，实验室内应该设施齐全，研究所需的仪器设备和配套设施都应配备齐全，并且这些设备要集中管理、开放使用。实验室的科研队伍应包括两部分，一部分是以研究水平较高、学科素养较高的研究骨干和学科带头人组成的固定研究队伍，另一部分则是流动研究人员。同时，实验室科研队伍应保持年龄和研究水平均衡，实现科研人员之间的团结协作。实验室中组织能力和协调能力最强的且能够保证有充足的在实验室工作时间的科研人员才能担任实验室主任，并且实验室主任在科研领域应是学术带头人，这样其才能在实验室的工作中起主导作用。科研领域的杰出科学家应与实验室主任协同合作来推动实验室的发展。国家重点实验室的标志之一是其具备优秀的培养中青年技术人才的环境和条件，能够培养科研后备人才，使他们具备出色的科学素养和科研能力。国家重点实验室应保证具有良好的运行机制和浓厚的学术氛围，要实现实验室日常事务的高水平有序管理，保证具有健全完善的规章制度和明确的人员职责要求，保持研究的科学有序和研究环境的整洁。实验室要积极参与国际的重大科研计划，加强与国内外高水平人才的学术交流与合作。实验室的发展方向需与依托单位的重点方向相结合，依托单位应重视和支持实验室的建设和发展。

2. 国家重点实验室的运行机制

国家重点实验室实行“开放、流动、联合、竞争”的运行机制，其基本功能可以从以下四个方面来分析。

（1）开放功能

国家重点实验室的管理体制具有开放的特点，其主要任务之一也是保持开放。这里的开放包括打破原有的封闭状态和部门体制，从事科技研究，为国家经济发展服务，同时也要以国内开放为主，并与国内外广泛开展合作交流。国家重点实验室主要采取设置开放性研究课题的形式，还有对外开放实验室大型仪器设备以及举办学术会议、发表学术论文和著作等形式。这种开放创造了有序的流动环境，促进了理性竞争，并推动了有效的合作，这使得国家重点实验室能够充分利用科研资源和实验设备的共享，同时也能发挥实验室共用平台的作用。若“开放”程度不够，流动性、联合性和竞争性的发挥将受限，国家重点实验室的作用和功能将无法得到充分发挥，预期目标也无法实现。

（2）流动功能

流动指的是国家重点实验室中科研人员的按秩序流动。实验室的人员流动可以通过不断引进高素质人才和对口科研人员来推动研究进度，能够激发实验室内部科研人员之间产生良性竞争，减少实验室协作人员，减轻实验室经费压力，增强实验室内部的活力和朝气。在国家重点实验室的运作中，流动机制是非常关键的部分。只有通过维持实验室人员的动态优化，我们才能够建立一个强大的基础研究团队，让实验室科研队伍充满创造力、团结协作、积极进取并且保持长期稳定。

（3）联合功能

实现联合是开放、流动的主要目标。联合是指利用国家重点实验室的所有优势资源，加强与其他相关研究机构或人员的合作与学术交流，达成优势互补，提高整体科研实力，并共同开展联合攻关、综合研究和交叉研究。如重点实验室可以与其他重点实验室开展合作，也可以与国内的科研机构合作，还可以与海外的科技机构展开合作。联合可以实现科研机构和队伍之间的协同合作，整合各种优势资源，共同申报和攻克重大科研任务，开展综合交叉研究，发挥实验室的科学研究带动作用，提高科研成果的产出率和科研活动的效益。

（4）竞争功能

竞争是国家重点实验室的核心和灵魂所在。国家重点实验室的立项、建设和运营始终面临着激烈的竞争压力。优秀实验室可以在立项竞争中脱颖而出，从而获得资助。国家重点实验室之间的竞争愈加激烈，对实验室的运行质量和表现进行评估已经成为常态。国家重点实验室因其卓越的人才吸引力、科研成果、学术水平和地位而独具优势。由于这些突出的特点，这些实验室具备获得更多仪器设备更新和实验室经费支持的资格，并能够申请国家自然科学基金。国家重点实验室可以运用竞争机制来对人员进行调整和优化，以建立一个高水平的“国家队”，从事基础研究和应用基础工作。

3. 国家重点实验室的权力配置

依托单位的领导负责安排主任职责来管理国家重点实验室。实验室主任应该是由依托单位推荐的研究领域的学科领军人物担任，经主管部门聘任后向科学技术部备案，聘期为5年。学术委员会主要负责对实验室的实验目标、实验任务和研究方向以及实验室的学术活动和年度工作情况进行审议，一般最多由15名国内外的学科专家组成，是实验室的学术指导机构。实验室实行课题制管理制度，人事制度方面试行下聘一级的制度。科研队伍的固定人员是由实验室主任根据研究领域严格筛选并公开聘任的，流动人员则是由实验室固定人员根据研究课题和工作需要个人聘任的，这部分人员的聘任费用由实验室课题组承担。

4. 国家重点实验室的机制优化

树立国际化开放理念。开放是世界著名重点实验室的共性特征和成功经验。由于向外界敞开大门，各国科学家涌入，促使实验室成为享有盛名的科技信息聚集区。国家重点实验室需要进一步提高大型仪器的开放性，制定适应我国国情的开放方式。国家重点实验室应该在全球范围内以国际水准来开放，向世界敞开大门，吸引并汇聚世界顶尖科学家前来实验室进行合作研究或学术交流。要将重点实验室建立成一个独立的科研基地，加大开放力度；实验室主任要健全和规范开放管理，对实验室的各项事务要积极协调安排；学术委员会则要在审批开放研究课题时，完善实验室的开放管理制度和监督体系，提高大型设备的开放度。

完善人才流动机制。为了使研究队伍保持活力、积极上进，同时使研究人员之间协同合作，国家重点实验室应完善人才流动机制，保持实验室研究人员的动态优化。需要对人事管理制度进行改革，除了实验室主任的专门聘任制度，还要灵活地采取公开招聘的方式广泛引进国内外科研人才，同时也要定期对实验室研究人员进行考评，表现优秀的才能委以重任，表现不佳的则要考虑解聘。国家重点实验室采取实验室主任负责制，实验室主任在日常事务方面享有全权处理权。国家重点实验室可以采取全员合同聘用制，并建立年度考核机制，以优胜劣汰、合理流动和动态平衡的方式管理固定与流动人员，避免不公平现象的出现。

国家重点实验室的合作可以分为两种类型，一种是组织紧密型的合作，这种合作通常涉及不同部门、单位之间共同组建实验室或合作研究项目；另一种是学术松散型的合作，这种合作则是通过建立虚拟网络实验室或暂时性合作研究团队的方式进行。实践结果表明，松散型的学术合作是最理想的，因此应该作为国家重点实验室合作的主要模式。为了提高国家重点实验室的学术合作效果，需要开拓不同的合作途径，并尝试新的联合方式。这种转变包括从管理层面的合作转向学术合作，从国内合作转向国际的双边或多边合作，从实体合作转向网络合作等。可以通过利用计算机和电子通信技术，在不同实验室之间开展协同研究等多种方式来推进合作。

健全竞争机制。建立一个公平和谐的竞争环境，消除国家重点实验室内外可能存在的不公正因素，确保国家重点实验室竞争的公平公正。健全竞争机制，促进立项的合理竞争，完善评估方法，强调竞争动力；增加开放研究基金投资渠道，提高实验室整体实力和竞争力，从国内竞争向国际竞争转型，将国际竞争视为主要形式。

二、实施人才战略，建设创新团队

科技创新在21世纪越发显出其重要性，成为决定国家综合国力的重要因素。在科技创新的征程中，关键在于建设一支富有创新能力和凝聚力的科技队伍。由于大学中心工作需要，许多高等学校都把科技创新队伍建设作为头等大事来抓。

（一）科技创新与团队建设

高等学校特别是研究型大学的科技创新水平，决定了国家创新体系的水平。科技创新离不开科技团队建设。科技创新团队的人员不在于多，而在于精，要根据领域项目的情况而定；科研队伍要有一位富有开拓创新精神的带头人带领团队成员抓住机会，勇于挑战；科研队伍中成员结构要多样且均衡，在年龄、知识结构和经验等方面都要体现出层次，既要有属于项目领域佼佼者的核心技术人员，也要有配合研究工作的实验协助人才和技术人员，这样团队才能在保证研究质量的同时维持团队的创造力和活力；科研队伍中每个成员都要明确各自的职责和任务，要实行一定的激励机制来调动成员的积极性，同时也要实行约束机制使每位成员都能发挥价值。

（二）如何建设科技创新团队

建设一支富有创新能力和凝聚力的科技团队是高等院校长期且重要的任务。高等学校要坚持实施人才战略，促进拔尖人才不断涌现。为了开创新局面，高等学校应花大力气建设科技队伍。

1. 完善组织团队结构

高校要保证创新队伍年龄、知识结构和研究水平层次结构的合理，不仅要聘任研究学科领域的带头人物组成科技创新团队的核心研究部分，也要聘用协助人员和高级科技管理人员等实验辅助人员。

2. 持续实施人才战略，推动优秀人才不断涌现

当前科研领域人才紧缺，科技竞争形势十分严峻。高校组建科技创新队伍既要留住原有的科技研究人员，也要积极引入国内外的优秀人才加入团队。

3. 营造创新氛围，推动人才队伍不断提升素质

随着市场经济的不断发展，高校在开展科技创新方面面临着比以往更为复杂的情况。因此，高校除了传承优秀的传统和校风，还需要致力于创新文化氛围的营造，着重加强学生事业心、责任感、价值观和道德观等方面的培养，倡导争创佳绩、献身事业的精神。

4. 引导科技人员参与科技创新活动

科技创新需要全社会的参与和支持，它不仅是个人或某一学校的自我追求，更是国家发展和进步的重要战略。为此，我们应当积极引导和激励科技人员全力以赴地参与科技创新活动，要敢于挑战和创新，敢于打破常规。相关领域的创新需要投入大量的精力和资源，并且需要经历复杂的过程，具有非常高的风险。因此，要实现原始性的创新绝非易事，需要付出艰苦卓绝的努力。因而，科技人员需要更加开放思维，敢于突破和创新，积极探索全新领域；建立起尊重他人的著作权和劳动成果的道德价值观；应该保持诚信，摒弃急功近利、浮躁的心态，反对虚假宣传、抄袭成果等不道德行为。

（1）科技创新活动的含义

大学生参与科技创新活动实质上是一种实践性的创新行为，其含义会随着时代和实践的演变而不断改变。随着知识经济时代的发展，大学的重要性越来越被认可，大学科技创新活动的含义也得到了全方位的拓展主要包括以下方面。

一是教育的含义。高校的科技创新活动是培养大学生创新能力和进行素质教育的重要实践活动，是高校进行人才培养的重要载体。同时高校科技创新活动的主体是大学生，这表明了其与其他科技创新活动的本质区别。教育的含义也是高校科技创新活动含义的最基本内容。

二是科技的含义。高校科技创新活动对于大学生培养科技创新能力和国家科技进步发展都具有重要意义。

三是经济的含义。大学生参加科技创新活动的科技创新成果能够在得到推广和应用后直接产生经济效益并转化为生产力，能够直接促进经济发展。大学生科技创新活动的经济含义是其科技含义的延伸，经济含义在当今社会十分重要。

四是文化的含义。它是大学校园文化的重要组成部分，并且也是大学生校园文化活动的较高层次。

五是社会的含义。高校开展科技创新活动可以引导大学生参与科技创新，从而对整个社会的科技创新和科研体制改革产生推动作用。大学生科技创新能力的提升会促进社会的进步和发展，有利于实现产学研一体化。

（2）科技创新活动的特征

在当今的知识经济时代，大学生科技创新活动具有十分丰富的含义，在开展活动的过程中要对其展开全面深入的理解。大学生科技创新活动的特征主要有以下几方面。

第一，活动主体的层次性。现代教育的一个重要结构特征是，高校具有不同的层次。高等教育机构可按不同标准进行分类，包括学历层次、机构性质、办学重点、学科专业等。此外，同一学历层次下的学生参与的科技创新活动也有各自的特点。高考取消报考年龄限制等因素也加剧了大学生主体的层次差异，因此大学生科技创新活动和大学生参加科技创新活动获得的科技创新成果的差异也会越来越层次分明。

第二，活动范围的宽广性。随着时间的推移，大学生科技创新活动已经不只在校园内举行，而是已经延伸到社会范围，其开展的空间和范围也越来越宽广。当今教育界不断革新教育观念和教学制度，素质教育的全面实施以及学分制教学的推广使得高校逐渐将创新能力培养纳入学校的教育教学体系中，积极促进大学生科技创新能力的培养，课上课下紧密配合，形成一套完备的大学生科技创新能力培养体系。

第三，活动内容的丰富性。大学生科技创新体系包括三个方面的内容：一是学习和提高科技知识，包括举办学术讲座和开展学术交流等活动；二是科技方面的创新，包括进行科学研究、发明创造、学术论文的写作等；三是科技的普及和应用，包括科技咨询、社会调查、技术研发、创业等。这三个方面相互依存、相辅相成，彼此之间构成了一个有机的统一体。学习科学知识是实现其他两方面的基础和前提条件，而进行科技创新则是实现成功的关键和核心，科技的普及和应用则是对其进行延伸和拓展。

第四，活动过程的复杂性。大学生科技创新活动包括学习、创新和应用等各种方面的内容，其过程十分复杂。大学生参加科技创新活动要明确科技创新的基本规律，在技术开发和科学研究方面都要遵循相关规范，同时由于大学生科技创新活动的内容丰富性，其过程会受到各种各样的因素影响，如学生在参与科技创新活动的同时也要关注自身专业学习的情况，高校教师也要在授课的同时为参与科技创新活动的学生提供指导。因此，高校应该完善相关的管理模式和运行机制，帮助学生和教师处理好这些问题。

（三）大学生科技创新活动存在的问题

在过去的20年里，我国大学生对科技创新的热情不断高涨，经历了一段充满挑战与机遇的发展历程，取得了令人瞩目的成就，引起了社会的广泛关注。然而，虽然大学生的科技创新活动正在积极发展，但仍存在很多困难和挑战。

1. 活动的规模小

我国的教育正在朝着大众化教育的方向不断发展，因此大学生群体在不断壮大。相比之下，目前我国大学生的科技创新规模较小、氛围不浓厚，参与人数、活动方式、内容及成果都比较单一，影响亦未充分显现。这种情况主要是因为一部分大学生自身缺乏参与意识，仅仅关注专业课的学习，缺乏参与科技创新活动的积极性。另外，有些大学生科技创新活动只在一部分重点大学中组织开展，影响范围较小。

2. 活动的水平不高

虽然我国的大学生科技创新活动已经开始发展，但由于受到传统文化、教育、科技和经济体制等方面的多种因素影响，其水平、层次和质量都相对不高。由于大学生科技创新活动只是从某几个方面开展竞赛，因此竞赛结果并不能代表高校所有学生的科技创新能力水平。所以高校需要引进适当的参照体系来不断提高活动及作品的质量，以更全面地展现大学生的科技创新实力。比如，研究生的科技创新比赛应该是全国规模的，研究生可以与全国各地的同层次学生竞争，这样能够提高活动和科技创新成果的质量。

3. 活动发展不平衡

目前来看，我国只有部分全国重点大学和综合性大学在大学生科技创新活动方面表现得比较好，其他学校，包括一般大学、单科性大学、专科学校和民办大学，很多都未能积极开展科技创新活动，有些甚至尚未启动相关工作。因此，在不同高等学校之间，科技创新活动的发展差异很大。造成这种情况的主要原因在于学校领导者对活动的认识水平和重视程度差异很大。如果学校的主要领导高度重视活动开展，就会采取有力的措施，并加大对活动的投入，这样一来，活动效果自然也会更加明显。另外，不同学科的发展程度存在差异。当前大学生在科技创新方面更偏向于自然科学和技术领域而忽视了人文社会科学领域的创新活动，这一点值得我们深思。

4. 缺乏完善的活动管理体制和运行机制

在知识经济的环境下，大学生科技创新活动需要长期而系统的投入，且需要达到规模化和规范化的标准，是一项复杂而高要求的工作。过去的活动管理通常采用临时的、分散的、多头的方式，缺乏明确的管理机构。目前全国还未形成一个统一的领导和管理机构，在长期和统一的组织与规划方面存在不足，活动与社会和高校具体情况脱节，这些因素都对活动发展造成了严重的限制。一些大学在微观层面已经启用了共同的管理机构，致力于协调和管理全校学生的科技创新活动，并制定了适当的规章制度。然而，目前很多高校对于活动的认知仍不够，缺乏一个统一的领导机构进行指挥，有效的组织管理不足，投入的资金不足，制度不够完善，采取的措施也显得不够有力。这些因素使得活动的品质和水平难以得到提升。在实施大学生科技创新活动时，需遵守学术活动的规范。然而，目前在运作机制方面，仍有许多问题存在。首先，在人员参与方面，大学生对科技创新的参与程度还存在不足，少数学生仅凭兴趣参与创新活动，缺乏坚定的意志品质和持之以恒的精神；有些人草草了事，缺乏科学的态度，因此活动的成果大多质量较差。其次，大学生参加科技创新活动也是对自身能力的一种补充和锻炼，但只靠学生自己进行探索的效率肯定不如有教师进行指导参与的效率高。但是很少有教师愿意花费大量的时间精力去指导学生的活动，主要是由于教师参与指导的工作量无法准确衡量。因此应该在高校设置教师参与学生课题活动的机制，让教师积极参与指导，这样既可以保证活动的顺利开展，也能让学生得到有效的指导。但是目前这种机制还十分不完善。最后，从活动客体来看，大学生科技创新活动的设计缺乏科学性和系统性，没有同时兼顾学习、科技创新和应用，没有一个同时包含这三者的系统，缺少一个逐步推进的过程，这样对整体活动水平和质量的提升产生了不利影响。

5. 缺乏理想的活动开展环境

一是就整个社会的大环境而言，我国的教育长期以来都深受应试教育的影响。在这种教育体系下，学生更注重掌握书本上的知识，而不注重个性品质的发展，学生缺乏创新能力和社会实践能力。因此，我们还需要花费大量的时间和精力来推动教育理念向素质教育和创新教育的转变。二是我国的科技体制在过去深受计划经济体制的影响，科技成果的转化和产业化效率较低，我国的整体科技创新能力都急需提高，这导致大学生科技创新活动缺乏良好的科技专业发展环境。三是我国古代的社会精神文化环境形成了一定的阻碍。中国历史上存在长达几千年的封建时期，传统文化根植于高度发达的农业文明，人们与大自然的亲密接触使得人们形成了“天人合一”的思想观念，与此同时，人们对于自然科学却关注甚少，长期以来未能形成完善的科学观念、科学方法和科学精神。就大学的内部环境而言，可以看到仍然存在着一些问题。首先，有的大学教学系统陈旧，部分教师在实际的教学过程中仍然采用灌输式教育，一些教学课堂仍然以教师为主体，以课本内容为教学内容，教学只关注理论知识教学而忽视实践操作，对学生的学习评价也缺乏科学性，这对于我国大学生科技创新能力的培养十分不利。其次，有的大学的科研系统仍然不完善。教师们在科技创新活动中的表现尚待提高，他们的科研和创新能力亟须加强。我国高等教育领域还存在一些“教育浪费”现象。这个现象指的是，由于制度的不完善，教师或学生被迫削减探索创新的时间，或者降低了他们进行创造性思考的意愿。这种现象是抑制创新的最主要的因素。在目前的教育系统中，学生的学术自由无法完全实现，因此许多大学生无法获得参与科学研究的机会和时间，在科技创新方面的基础和支持不足。再次，有的大学尚未成功创建激励创新的校园文化环境。大学校园文化作为社会文化的一个组成部分，对大学生的科技创新产生着直接而深远的影响。虽然我国大学校园文化在改革开放以来有了长足的进步和发展，但却缺乏浓厚的创新氛围。一些大学内部存在浓厚的“官本位”意识，个别大学甚至呈现出行政化的倾向，这与大学所倡导的本质和精神相悖。因而，大学生在科技创新方面缺乏强劲的内在驱动力。尽管教育系统是一个开放的系统，但许多大学的社会服务系统仍比较保守和封闭。他们只关注传授知识而忽视了与社会的联系和交流，导致许多大学生的科技创新受到了限制。因此，大学需要更加开放和灵活，以利于更好地发挥教育系统的功能。

综合来看，我国当前大学生科技创新存在一些问题，这些问题的根源也具有多样性。我们应该高度关注这些问题及其根源，并进行深入分析，深刻理解大学生科技创新活动的重要价值，以确保大学生的科技创新活动能够良性发展。

（四）大学生科技创新活动面临空前的发展机遇

在当今社会，创新已经成为无所不在的主题。培养大学生的创新能力对于国家和民族的发展，以及对大学生个人的成长来说都具有至关重要的意义。随着经济全球化的持续推进，大学生的创新能力面临严峻的考验，但同时也面对着众多机遇。在技术创新和全球经济化的时代，我们需要注重培养大学生的创新思维、能力和创业精神，以便打造出具备高素质的人才，让他们勇于面对未来的挑战，并为实现中华民族伟大复兴作出贡献。一些发达国家的实践表明了创新教育的重要性，举例来说，美国在 20 世纪 20 年代就着手实施发展创造力的教育，以此培养了一大批有创新精神的人才，他们的创新成就极大地提升了美国的整体实力。

科技强则国强。创新是科技发展的动力源泉。大学教育的重要任务之一就是培养学生的科技创新能力。高校教师应该采取多种渠道和手段展开科技创新教育。大学生科技创新活动就是一种十分有效的教育方式，其对于大学生的创新能力培养具有重要意义。这主要表现在以下几个方面。

第一，经济全球化的不断推进对人才培养提出了新的要求，大学生科技创新活动的开展就是顺应时代要求的一个表现。现今，由于科技发展迅猛、国家间竞争加剧，教育肩负着为社会主义现代化建设培养具有创新精神和实践精神的高素质人才并促进我国科学技术进步的历史任务。高校的主要职责和任务就是为国家建设培养具有创新精神的优秀人才，增强学生在社会上的竞争力，同时增强我国的综合国力和国际竞争力。因此，高校开展科技创新活动具有十分重要的时代意义，是顺应历史发展的必然趋势。

第二，大学生参与科技创新活动有助于塑造良好的学风，同时也有助于培养学生的科研实践能力和技能。专业基础和实验技能在创新活动中扮演着至关重要的角色。只有建立在优秀的知识水平的基础上，具备积极学习的态度和优异的学风，才能为创新活动的成功创造机遇。科技创新需要融合各个领域和学科的知识，是一项综合性的工程。如果不对自己的知识面进行拓展，则很难开展科技创新工作。因此必须调动大学生的学习积极性，促进学生主动涉猎其他学科和领域，以此来推动科技创新。

第三，大学生科技创新活动对于大学生培养综合能力具有重要意义，有助于他们培养符合社会需求的能力，提高自己的社会竞争力。市场经济需要大量的具备创新能力的人才来提高工作效率、提供新的产品和服务，而这些人才也将成为国家机关和企事业单位的中坚力量，应对快速变化的市场，同时也能够获得更多的发展机会。社会需要促使学生更加热衷于创新创业，激发了他们成才的渴望，也因此推动了科技创新活动的热潮。

当前，大学生科技创新活动正处于一个极佳的发展时期。党和国家十分重视科学技术教育，科技创新教育的地位不断提高，科教兴国战略不断推进，加快了国家对创新体系、科技体系和教育体系的建设与改革。高校要积极响应国家的科教兴国战略，抓紧落实科技创新教育，既要扩大影响，也要脚踏实地。为了使大学生科技创新活动进入一个新的发展阶段，高校需要积极争取各级领导和政府部门的进一步支持，并且充分利用与大学科技创新活动相关的所有政策和资源。

总而言之，我国的大学生科技创新活动正面临着空前的发展机遇，要保证大学生科技创新活动的顺利、持续发展，就要以发展的眼光看待它，把握住时代特征和历史机遇，充分利用当前的政策优势。

第三节 后勤服务与资源管理

后勤服务在军事及其他活动中具有积极的保障作用。而在高等学校发展过程中，后勤不仅为教学本身服务，而且服务于学校的全体师生，体现在学校教学生活的方方面面。从一定意义上讲，构建和谐大学校园与后勤保障有着千丝万缕的联系。

一、高等学校后勤社会化改革模式及特点

由于我国高等院校数量众多、规模不同、建校历史不同，且分布于不同的经济和社会发展水平地区，每所学校均需依照其实际情况，设计符合自身需求的后勤保障体系，这也是高校之间改革模式多样的主要原因。如果一所高校的规模足够大，且后勤部门的经济实力较强，那么就可以建立后勤集团，负责扩展学校内的各种后勤服务项目，致力于提高服务质量；同时，还可以将服务扩展到学校以外，承包其他学校的后勤服务业务。有些高校内部的后勤经济实体在某些服务项目上实力较强，能够提供高质量的服务，因此这些服务项目由该实体负责经营，而其他服务则逐渐交由社会企业来承担。一些小型高等院校规模有限，无法提供高质量的校内后勤服务，因此采取了社会化经营的措施，委托来自不同行业的企业提供服务。有些高校后勤集团是由当地政府支持建立的，能够为省市区域内的多所高校提供后勤保障服务，这些后勤集团实力雄厚且经营良好，而且促进了后勤服务实体的进一步发展，拓展了新的市场。自 1999 年以来，我国高校的后勤管理体制已逐步焕发新气象，不断升级，建立了更加适应社会主义市场经济规律和满足教育需求的后勤体制，更好地为社会服务。经过实践和探索，我国高等学校后勤的改革思路和方向得到了创新，多种管理运营模式应运而生，为高校的后勤工作提供了保障。

（一）形式性剥离模式

形式性剥离模式指将原本隶属于学校行政事业单位的后勤部门分离出来，成

为一个实现企业化经营的实体，不过该实体仍然依托于所属的高校，其主要职责是为高校服务，旨在以更加专业的方式进行运营管理。这种模式包含以下几种形式。

第一种，后勤部门仍隶属于高等学校，成立于高等学校内，其集团（中心）不具有独立注册和成为法人的资格，只负责为本校师生提供服务。这是一些高等学校目前采取的所谓“翻牌公司”模式。

第二种，后勤部门脱离高校独立出去，注册为由高校控股的独立企业，同时学校后勤职工参股，获得企业编制。独立后的企业通过有偿为学校提供后勤服务来维持经营。

第三种，后勤经济实体与高校后勤处建立契约关系，原校后勤处为甲方，后勤实体为乙方。甲方负责规范后勤运行体系，为后勤工作制定标准并监督其工作效率和质量，乙方则直接向学校提供后勤保障服务，租赁学校的场地开办餐馆、运输等部门。

第四种，高校与社会企业结合。双方可以采用合作式的社会企业模式。在这种模式下，高校与社会企业之间互惠互利，共同投资或经营高校后勤服务。高校将硬件设施作为一部分投资，投入社会服务企业，以此来降低服务费用。但高校不参与管理，主要是利用学校的学生宿舍、体育场馆等设施参与经营，或由社会企业与高校后勤处共同参与高校后勤服务。双方还可以采用社会企业独立运营的模式。高校将所有后勤服务任务交由社会企业负责，这样高校方面便能够将精力集中于教学计划、招生计划、课程、专业学科建设以及教学质量监控等教学和研究工作。社会企业为学校设立“教育产业发展公司”，旨在为学校提供硬件建设配套和物业管理服务，以支持校园的需求。

（二）实质性剥离模式

实质性剥离模式指的是后勤部门从原本隶属的学校完全分离，不仅具有了法人资格和独立建立企业的资格，还能够独立运营。国内一些高校的后勤服务集团，除了承担本地高校的后勤服务任务外，还积极寻找新的后勤服务项目，提升综合经营能力，在市场竞争中不断发展壮大。经过实质性剥离后，可以得到两种独立的后勤实体模式，即校际联办模式和区域联办模式。

校际联办模式指多所高等学校联合组建专业公司，利用各自的人才技术优势，在某个行业领域实现资源共享。高等学校联合组建集团或公司，在联营、连锁模式下形成完善的后勤服务产业网络。这样既可以充分利用高校的人才技术资源减少服务费用，又可以实现高等学校共享资源的目的。

区域联办模式即各高等学校的后勤力量不再只为原高校服务，而是进行资源重组，形成了独立的专业公司和连锁公司，专门为区域内的所有高等学校提供服务。通过优化后勤资源的组合，公司超越了学校原有的后勤范畴，具备了更广泛的运营规模、服务项目、服务对象和服务空间，并发挥规模效应，负责区域范围内所有高校的后勤服务。例如，湖北省教育厅将几所后勤实力较强的高校后勤处重组为跨学校的区域性股份制后勤集团，同时取消后勤处并设立高校后勤保障中心，除了行使部分行政职能之外，还建立各种经营服务企业。再如上海高校后勤服务中心，其主要发展高校餐饮业，在市内高校中设立连锁餐馆和超市，建设后勤食品采购中心进行商品的大规模采购，降低学校食品采购成本。

陕西省教育厅旗下的陕西省高等学校后勤服务产业集团与各校后勤实体合作开展了四项重要合作项目。第一项是建立连锁超市，以推行教育超市为主要目标，渐进式地完善大学校园的商务服务网络。第二项是建立连锁餐厅。通过股份、托管、联办等各种方式，实现了统一的经营模式、操作规范、服务标准、质量要求、形象标志和销售价格的管理，从而推进了大学食堂在跨校区的连锁经营。第三项是以集中配送为主，主要包括粮油和学生宿舍必备物品等大宗物品的配送。通过规模化经营的方式，为学校提供服务，实现让利于学校、服务于学生的目标。第四项是建设食品生产基地，建立蔬菜和副食品的生产基地，以此为专业化生产和集约化经营打下基础。

（三）不同改革模式的特点及利弊

形式性剥离模式的特点：一是以学校为核心，即使后勤部门剥离出去，学校仍具有对其的绝对控制权；二是采用这种模式较为简便，不需要对人员、资产和后勤职工进行“单位转移”，因此并不会对管理本身产生重大影响；三是高校后勤的不同工作也会采取不同的方式。

形式性剥离的前两种形式是目前高校后勤社会化改革的主要形式，能够推动高校后勤成功实现社会化。但这两种形式只能起到临时的作用，不能持久发展。原因在于，首先，高校后勤社会化只是校办后勤的性质发生转变，后勤的建立和管理仍由学校主导，只在表面上由事业性质转变为企业性质。其次，高校的后勤部门缺乏竞争，学校设立后勤处只是为高校本身提供后勤服务，后勤部门职工难免会出现效率低下的现象，不利于高校后勤发展和扩大规模。第三种形式性剥离方式是后勤脱离学校后与高校签订契约，分别作为乙方和甲方完成后勤服务流程，这种方法风险较小，高校选择提供后勤服务企业的范围也比较广。

关于高校和社会企业结合的方式，这种模式可以借助社会资本，解决高校暂时难以独立解决的学生公寓和相关设施的建设等问题。不过，这种模式的应用有一定局限性，并且实施难度较高。从高校后勤改革的整体战略来看，这种方式只是可行的有效手段之一。一些高校的后勤服务中引入社会企业的成功案例也表明，通过建立共同竞争机制，服务质量得到了明显提升。但是某些企业提供后勤服务的效率和质量会随着时间的推移而下降，初期表现良好，但到了后期就开始出现提价违规等现象。应用这种将学校与社会企业结合的模式需要认真考虑如何在体现后勤服务于教学和科研的同时，保持学校后勤的教育特色和保障后勤服务的稳定性。由于社会企业以追求利润最大为目标，如何平衡企业的利益和学校的需求也是需要重视的问题。由于社会企业难以实现整体推进，学校必须与单个企业或项目进行精细协商并签署合同。再加上不同企业的职业素质参差不齐，高校要不断加强对后勤服务的标准控制，防止因为后勤服务问题对学生造成危害。因此，高校必须保持高度警觉并牢记原则，始终严格掌控好局面。

实质性剥离的两种模式包括校际联办和区域联办，其主要特点是高校与后勤部门之间的合作方式从以往的上下级垂直关系转变为更加平等的并行合作关系，高校间可以共享学校资源和专业优势。各高校展开合作，既可以为各高校提供后勤服务，也可以面向社会广泛服务。实质性剥离后的后勤实体的运行不再由学校全权控制，而是按照一般企业的运行规则独立运营，学校获取后勤服务要支付费用。

根据实际情况来看，采用“政府主导，教育部门主管，高校协作，社会合作”的准则建立后勤集团体系，能够有效地促进高等院校后勤工作的改进。通过在湖北、上海、陕西等地的改革实践可以发现这种模式带来了以下好处。

一是后勤实体脱离学校管理后能够保持教育特色，仍旧能够以政府和学校的名义提供后勤保障服务，同时学校也能够省去寻找投资商和参与商的工作，直接与分离出去的后勤企业展开合作。二是高校能够专心负责学校的教学和科研事务，后勤不再需要学校直接管理和控制。三是有利于实现规模效益。后勤脱离高校成立独立企业之后可以与其他高校的后勤企业建立合作，成立联合后勤服务集团，采取企业化管理，提高管理水平和工作效益，通过参与社会竞争来获取规模效益。四是当社会企业进入市场时，后勤实体可以通过稳定市场物价来发挥调节作用。

后勤社会化的概念并非完全固定不变的，需要根据具体情况进行适度调整。我们不应盲目地将高校后勤服务完全引向市场化，而应该因地制宜、因校施策，精心谋划改革，稳步推进，以此实现有序的社会化改革。关于在省级范围内设立跨地区、跨校的后勤服务集团，应该谨慎考虑，如果条件不具备或时机不成熟，不要急于行动。同时要注意，这种集团的建立需要充分的准备工作和足够的资金保障。

二、稳步推进后勤社会化改革

（一）产权制度改革

目前，产权制度改革的全面贯彻落实并不是高校后勤社会化改革的核心工作，高校应该先在理论层面进行积极的探索，再展开实践活动。理论上，为了在实践中积极探索和准备产权改革，我们需要深入了解高等学校后勤产权的内容和特点，以及怎样划分才能更适应高等学校的要求。此外，从实践层面考虑，如何更合适地组成后勤实体也是需要思考的问题。

首先，需要有效管理资产。评估资产价值具有较高的难度和成本需求。由于资产的净值、经营价值和经营效益预期难以量化评估，所以应重点清查资产的数量和使用价值情况。其次，后勤集团可以采用资产租赁方式来使用高校资产。这样高校与后勤实体之间的租赁关系就能得到明确，促进人们对产权制度的看法转变以及产权制度的改革。根据后勤资产的特性，也可以实施“零租赁”政策，或者采取其他方式，如上缴折旧、管理和收益等费用；还可以尝试在有限责任公司或股份有限公司上进行实验，以实现对产权的实质性分割和转移。基于多种经验，以理论探索为基础，以实践总结为依据，推进高校后勤社会化产权制度改革迈向更高层次。

许多大学正在实施后勤社会化改革，将原本由后勤部门提供的人力、物力、财力等有机地融入社会市场。为此，它们建立了公司、中心、集团等后勤实体，严格按照市场经济规律运作。高校都设有后勤管理处，其职责包括代表学校进行后勤监督和签约管理。高校可以和分离出去的后勤实体签订契约，也可以和社会企业签订合同。代表高校的后勤管理处作为甲方，后勤实体或社会企业作为乙方，签订的合同内容包括资产托管、高校后勤服务项目承包以及工程建筑等。双方在沟通、协调相关事宜后，要遵守合同规定的交易、服务项目，并承担各自的义务和责任。高校后勤管理处可以采用招标的方式选择乙方，对于后勤事务的标准和要求可直接详细写入招标合同中。合同中对双方需承担的义务、责任都有详细规定，在交易过程中如果出现争议可采取法律途径解决，避免管理过程遭到过多行政干预，也避免出现双方相互推诿责任的情况；此外，还可以引入竞争机制协助招标，争取以最低的价格获取最高质量的服务，在确定最终的委托企业之前，要对交易过程中可能出现的问题展开讨论，防止出现问题影响服务质量。高校后勤管理处需要注意避免单纯以价格等因素作为合同签订的唯一依据，除了考虑经济收益，还应该考虑社会收益，以确保学校后勤服务的长期发展。

在实施后勤社会化改革初期或是区域内大学分布较分散的情况下，这种合同管理模式是可行的。它能够为建立产权明确和责任、权利、利益清晰的后勤管理打下良好的基础。高校在发展过程中进行后勤服务实体的规划，在其建设成熟之后就将其与学校剥离，让其独立发展。这样有利于高校统筹规划校内事务，也有利于后勤社会化，提高后勤服务的针对性和监控的有效性。

（二）利用市场机制，优化资源配置

1. 利用市场调节机制

后勤社会化应充分利用市场调节机制，以高校食堂为例。高校食堂是一个潜在的消费市场。一所学生达万人的大学，每人每月消费 300 元，全月消费总量就达 300 万元，全年按照 10 个月计算，年消费总量就达 3000 万元。有关统计结果表明，学生在校办食堂用餐一般只占消费量的 70%左右，即尚有近 1000 万元的消费额流入各类私营餐点。通过后勤社会化改革，以高等学校自身的优势，运用竞争机制，以味美、实惠取胜，而不是靠行政命令去占领市场，这是高等学校后勤社会化改革在校园饮食服务方面的新任务。

高校餐饮业的经营需要仔细斟酌饮食的定价。高校餐饮服务的对象是高校大学生，他们对于饮食价格十分关心，都希望能够享受到味美价廉的食物。因为大学生的生活费是有限的，如果高校饮食定价过高可能会造成学生群体之间出现不稳定因素；学生对学校饮食不满意，餐饮经营也自然会效益不佳。

高校饮食定价并不是一件易事，理论上只需比较成本和定价谁高谁低。定价低于成本会造成亏损，定价高于成本才会盈利，但实际的经营中远不止这样简单。某些成本无法准确定量计算，所以成本的确定和定价的确定都十分复杂。根据实践经验，经营过程中产生的水电费及调料、燃料费用约占营业额的 3%～4%，直接费用的成本可以相加得出。一般来说，给高校饮食定价有两个原则，首先是定价要与食物的价值相符，其次是定价要符合大众化消费水平，能够让学生满意。

高校食堂不仅要保证饮食的健康美味，也要注意菜肴的价格；要尽量精简员工数量，提高员工工作效率，减少工资支出；要尽量从固定的商家处购买食品原

料，要确保进货来源可靠安全，避免原料上出现食品安全问题。学校食堂的经营一般是“保本微利”，在保证食品原料成本、员工工资、水电费、燃料费和设备费等成本费用能够以食堂营业额和学校对食堂的补贴补齐，保证在不亏损的前提下“简单再生产”，在进货渠道、烹饪方式和人员管理等方面精打细算、节约成本，是能够在保全成本的基础上实现“微利”的。

2. 优化资源配置，实行“三给”

为了优化后勤实体内部资源配置，应根据所提供的服务内容，设立多个专业化分公司（中心）；进行彻底的人事改革，实行“三定一聘”原则，即规定岗位职责、设定工作目标、确定薪酬待遇、招聘人员；增加员工培训的强度以提高团队素质；采用与绩效挂钩的分配方式来进行分配；逐步明确后勤实体的财产拥有权关系，充分利用现有的财产，加强资产管理。通过对内部资源配置的优化，后勤实体能够实现可持续发展并保持活力。此外，后勤实体在推进改革的同时，还有机会利用自身所长，在学校各项必需服务中积累经验，进一步壮大自身实力，在学生餐饮等领域建立独具特色的品牌。后勤实体还可通过校外餐饮业建设获得社会效益和经济效益，通过与社会企业竞争加快发展速度。后勤实体除了依托高校力量提供服务之外，还可在某些领域与社会企业展开合作。在后勤领域积累了一定的实力之后，后勤实体可以进一步发挥自身的优势，并且逐步打造出品牌形象。

“三给”即给压力、给市场、给扶持。给压力，就是要求高校加强后勤部门改革，将实体后勤与学校规范区分开来，并且要求后勤工作者不再依赖学校提供的福利待遇。给市场，就是学校要避免市场分离，要遵循后勤分离原则，分给后勤管理的后勤市场要保证良好的效益。如果学校又新办“小后勤”且不计成本、不计投入，就会给改革带来阻力。如有的学校把原有的车队剥离出去后，学校又重新购置几台高档小车放在校办管理，且费用实报实销，而剥离出去的车队则是自负盈亏等，这不符合改革精神和改革要求。给扶持，就是在政策、资金等方面给予支持。国家已在这些方面有了一些政策，如减免税收的政策、“老人老办法，新人新办法”的人事管理政策等。学校不仅要落实好这些政策，而且应结合学校具体情况，制定一些扶持后勤实体发展的政策。为推动高等学校后勤社会化改革积极、健康、稳妥、持续的发展，政府和学校在资金和某些设备、设施的改造、更新等方面，该投入的必须投入，该补贴的一定要补贴，这是教育公益性的体现。各级党委和政府、各有关部门和高等学校应统筹规划，密切配合，要保持政策的连续性。高等学校后勤社会化改革是广阔而深刻的改革，没有各方面必要的财力和政策支持，是不可能成功的。

后勤实体应该调整经营理念，提升经营能力。高校是一个存在众多不稳定因素的区域。高校的后勤服务对象是大学生，大学生群体注重个人隐私。因此，后勤实体要注意不能急功近利，要注意服务的针对性和满意度，不能为了利益就对服务进行涨价，更不能采取手段让学生来承担服务费用，要想提高效益可以在扩大经营、规范管理、降低服务成本、提高工作效率等方面加以努力。高等学校食堂的经营需要同时考虑市场规律和为师生服务的性质，强调公益性经营。经营者的利益必须与广大消费者的利益相平衡。经营者不得随意提高价格以获取更高的利润。高等学校食堂的价格管理和监督需要确保价格不超过最高限价，需要加强饭菜品质，树立优质服务意识并提升管理水平；必须严格把握食品安全，从生产基地、采购环节到餐桌服务，都应该严密把关；需要对食堂和食堂工作人员进行卫生许可证发放管理，并确保保洁设施符合要求，保障食品的安全卫生和实惠美味。

作为企业改革的领袖和执行者，领导者对于改革的成功或失败具有直接的影响和作用。当前，不论是行政型领导还是专家型领导，通常都采用经验管理的方式。当今社会和时代背景下，传统模式正在被市场经济所淘汰，我们需要具备管理才能的人才以适应时代的要求。企业的领导者需要遵循企业的发展目标和未来的发展方向来进行管理。他们需要从经验管理向科学专业化管理转变，同时也需要从注重当前转向注重未来的战略导向模式，才能使企业在竞争中取得胜利并保持领先地位。

（三）加强财务管理

强化内部财务管理。财务管理在高校后勤管理中是至关重要的，是管理各种矛盾的关键所在。财务管理要在经营中心和所有员工之间找到利益平衡点，并积极向集团高管和经营中心提供真实全面、准确及时的财务数据；积极配合学校审计、税务和财务处的监督、检查和指导，与其和谐相处。财务管理具体应该做到：一是建立规范有效的运行体制。财务是管理的核心，而管理则是企业命运的关键。颁布规则和制定制度是一种行之有效的方式，可保证公司的经营健康稳定。为确保相关人员遵守财务规定，减少错误和财务损失，保障会计信息的真实准确性，以及维护集团的利益，应制定内部财务制度。该制度应涵盖货币资金、工资、采购、固定资产、存贷管理和销售等方面，明确工作流程和职责，形成有效的相互制约关系。二是采用集中的财务管理方式，以保障经济活动的顺利进行。为了实现财务机构的顺畅运营，必须达到统一管理的目标。这种管理方式包括实现共同的核算制度、考核标准和集中报表凭证，确定集中财务管理并实施统一分配制度，以实现控制的集约化和标准化。三是强化资金预算的管理，提高资金使用效率。为了保证企业的正常运营，必须拥有充足的资金。财务部门负责管理企业的资金，以确保资金流动畅通无阻、组织结构合理、使用得当。这个过程类似血液在身体内循环流动，通过净化、过滤等方式维持健康运转。为了保障业务顺畅，需要在预算中列出必需费用，并坚决按规定执行，以进一步加强对预算的规范和监督；同时要加强对资金流向的管控，特别是针对在集团流动资金中所占比例较高的应收账款和存货，应当及时整理，清理应收账款，并充分利用库存物资，以促进资金的良性循环。四是加强成本管理，提高经济效益。集团一直将控制和降低成本作为重点关注的事项。为了实现这一目标，需要及时评估经济成本支出带来的效果，寻找降低成本的方法，如提高材料利用率、降低能耗、避免重复用工和设施设备的重复翻新。要避免不必要的支出，以提高经济效益和增加集团的资金储备。

当集团用内部资金购置固定资产后，会按照这些资产的预计使用年限计算折旧，以反映资产的使用情况和价值变化。这种方式可以真实地展现公司的经营成果，从而有助于企业积累资产。在确认国有资产的所有权归属之前，后勤部门可以对其进行分类或将其暂时不计入折旧。由于后勤财务、会计人员本身的基础相对薄弱，加上公司正在实行转型，因此集团需要通过多种形式的系统培训，有步骤地提升他们的职业道德和专业技能，以适应后勤社会化改革的发展。

实施会计委派制。会计委派制度是指上级机构负责安排、管理所辖下属单位的会计人员的一种制度。通过这种方式，能够更加高效地履行会计监督职责，合法地管理财务，确保会计信息的真实合法和及时完整，把腐败现象扼杀在源头处，促进党的廉政建设。高校的后勤管理处随着高校不断推进后勤社会化改革措施而逐渐与高校分离开来，一般规模中等或偏上的高校都已经建立了后勤集团或其他后勤实体。其中，后勤集团是由多个后勤实体组成的集合体，成立后勤集团之前首先要考虑清楚各个后勤实体之间的财务分配管理模式。目前高校后勤集团的管理主要按集团是否具有法人资格来选择财务管理模式。不具有法人资格的集团由高校的财务部门委派人员负责集团的财务管理；具有法人资格的集团则采用统一领导的宏观管理模式，将集团财务管理分级，以集团财务为一级财务，以集团包含的下属后勤实体财务为二级财务，一级财务管理部门可委派人员负责二级财务管理。

实践表明，将会计委派制与《中华人民共和国会计法》的贯彻执行和应用推广有机结合，并在后勤集团实施，可产生显著的实际效果。这有助于发挥会计监督作用，规范会计工作秩序。当下属单位的利益与集团整体利益产生矛盾时，必须坚定地维护集团利益，并从根本上遏制会计监督中的不良现象。这表示会计人员在处理业务时需要遵循会计原则和规章制度，以确保符合法规要求。建立有效的人才管理机制可以帮助提升会计人员的综合素质。后勤集团实施全员竞争上岗并采用会计委派制的方式，以防止任人唯亲情况出现，确保公正性，这是一项行之有效的措施。这种举措可以促进会计人员提高业务水平并加强职业道德，还有助于筛选出符合要求的员工，留下真正的人才；还有益于资金管理，规范收支流程，能够帮助公司全面掌握其财务状况。财务管理可以通过管理银行账户并依据需要停用不符合规范的账户，实现资金的集中调控和使用，从而加强公司的财务收支管理。这使得实际操作中能够真正地贯彻“收支两条线”的规定。制定标准会计流程可推动会计人员进行集中管理、培训，从而达到规范化的会计工作效果。

委派的会计人员在落实任务时，要理解集团下属单位及自身的职责和权限，要严格遵守把个人私利与公司利益区分开来的原则。学校财务部门负责委派人员的人事档案、职务变更和调度安排，全面负责发放工资；制定委派式会计轮换和考核制度，通过定期对会计人员工作期间在道德、能力、效率等方面的表现进行绩效评估，实施明确的奖惩措施，以激励其工作的积极性，最终使其完成委派的工作目标，实现预期的效果。

（四）建立后勤实体保障体系

高校的后勤改革建设应受到政府的推动、规范和资助。在建立高等学校的后勤保障体系时，政府不应该让学校全权承担后勤社会化改革的建设责任，而是应该协同学校共同推进后勤市场建设。为了加强高等学校的后勤设施建设能力，政府应该制定政策，允许高等学校将其后勤不动产资产（包括公寓、食堂等）及其收益用作抵押。为了促进高等学校学生公寓和食堂等后勤设施建设的速度，需要确切地计算住宿费和后勤设施建设的回收成本，从而保证这些资金被主要用于后勤设施的建设。加速高校校园后勤服务市场的扩张，以便更快地推动校内市场与社会市场之间的衔接；促进高等学校的后勤服务部门与高校周边建立市场信息系统，增强校际后勤合作，以提供可行性方案和有助于解决典型问题的意见，进一步推进高校后勤社会化改革；高校应加强对后勤实体的监管，推动其快速实现企业转型；要对高校在后勤设施建设方面的投资行为等高校与后勤企业之间的互动进行管理；推动学校内市场规范化、透明化，并进行公开招聘；设计范本合同以规范高校与后勤服务企业之间的交易流程，确保后勤服务企业为高校提供服务时遵循严格的标准，以保障高校的教学和科研工作不受负面影响；要实现后勤企业与所服务的高校之间的互惠互利，二者在相互促进的同时也要相互制约；制定适当的市场性、指导性价格，旨在维护后勤服务企业、学校和师生之间的利益平衡。高校后勤服务处要为学生、教职工提供公益性的生活服务和教学科研支持，其经营不应完全以盈利为目的，需要政府予以必要的资金支持和扶持，这些服务项目未来仍会具有十分重要的意义。

在高校后勤改革过程中，学校应该发挥主导作用。高校后勤与高校进行形式剥离或实质剥离之后，学校仍应在其发展过程中扮演重要主导角色。按照一般的后勤实体发展过程，后勤脱离学校形成经济实体之后就要与其他后勤实体联合为跨校的后勤集团，后勤与高校之间分离开来似乎是受到市场的影响。当然，在学校与后勤实体之间建立清晰的边界是有利于双方发展的，但实际情况是，二者之间是相辅相成的。高校的稳定发展离不开后勤保障，在高校后勤逐渐脱离高校并形成经济实体的过程中以及后勤实体形成后，高校应始终将后勤的主要资产把握在手中。但是当后勤实体并入后勤集团之后，学校就失去了主导后勤实体的权力，后勤集团的发展与高校是无关的，因此高校就无法从中获取利益。为了保障本校的教学、科研以及师生生活服务的需要，学校有责任维护自身利益并确保后勤资产的掌握权。后勤实体为了提升自身竞争力，会要求高校要为其划分资产并帮助其开拓市场。高校应该保证对后勤保障体系具有一定的控制和支配，避免后勤实体不受学校控制而造成不良后果。

综合来看，高校的后勤投资规模较大，其实体投资行为通常以获取回报为前提，然而，考虑到高校的学生消费能力有限，后勤投资的快速回收往往难以保证。目前，高等院校的后勤服务市场建设水平较低。由于该市场的存在是为了服务于学校的教学和科研需求以及保障学校的稳定运作，高等院校需要继续作为后勤设施不动产的投资者。然而，这并不意味着支持高等学校后勤要回到以往的传统模式。长远来看，与传统的后勤包办制度不同的是，未来市场的开发需要确保高校不再承担运营费用，并争取后勤设施的投资回报。高校也可以利用社会资金的支持建立校内后勤市场。高等学校可以通过招商获得投资回报，完善学校的硬件设施。如可以吸引物业管理公司对学校建设的学生公寓进行管理，学校只需向物业管理公司支付费用；可以通过校内后勤服务实体或社会企业的经营来保证食堂的运行。学校的财政收入一部分来自学生住宿费用，扩建学生公寓对于稳定学校财政和满足招生需求都有着积极意义。关于获取投资回报的时间，需视后勤市场的发展状况和学校经营水平而定。为了加强后勤实体的运营能力，需要开放后勤服务市场。学校内部的后勤实体可以和社会企业一起经营，经营得好自然会获得市场的认可。

后勤实体是高等学校后勤服务市场的核心运营者和参与者。高校应为后勤实体制定发展方向，鼓励符合市场要求的、具有一定经营能力和经营水平的后勤实体继续扩大规模，而对于经营较差的后勤实体则要将其逐步转化，逐步分解其职工队伍。高校应合理看待后勤实体经营情况有好有坏的现象，这是市场的正常运行规律，有能够做大做强的就有经营不佳的，要遵循市场的客观现实规律。但是就实际情况来看，高校后勤实体在经营上还是有一定优势的，其表现在：一是因为它们之前本就属于高校的一部分，拥有丰富的后勤服务运营经验和对服务对象的深刻认知；二是拥有完善的服务设施和其他固定资产；三是在过去几年的改革中，后勤实体已经积累了丰富的经验并以此为基础努力建设现代后勤企业；四是后勤实体与学校紧密相连，二者相辅相成，有利于后勤实体全面开展经营事务。因此，高校后勤实体在众多社会企业之中能够占据相对有利的发展局面。

高校对后勤实体的发展规划主要应体现在对其经营策略的规划上。高校应以前瞻性的目光明确后勤实体的经营决策，但不能全权操办后勤实体的经营过程，要为后勤实体指明发展主业。后勤实体应加强与校外市场的合作促进主业经营，加强经营的专业化和集约化。

参考文献

[1] 杨迺虹 . 现代教育管理原理 [M]. 北京：中国人事出版社，2001.

[2] 刘新科 . 国外教育发展史纲 [M]. 北京：中国社会科学出版社，2002.

[3] 王亚朴 . 高等教育管理文摘 [M]. 上海：华东师范大学出版社，1987.

[4] 刘宝存 . 大学理念的传统与变革 [M]. 北京：教育科学出版社，2004.

[5] 吴松，吴芳和. WTO 与中国教育发展 [M]. 北京：北京理工大学出版社，2001.

[6] 张俊宗 . 现代大学制度 [M]. 北京：中国社会科学出版社，2004.

[7] 胡卫，张继玺 . 新观察：中国教育热点透视 2004—2005[M]. 上海：上海人民出版社，2006.

[8] 萧宗六 . 学校管理学 [M]. 北京：人民教育出版社，2018.

[9] 韩映雄 . 高等教育质量管理：体系与方法 [M]. 北京：北京大学出版社，2013.

[10] 波恩鲍姆 . 高等教育的管理时尚 [M]. 北京：北京师范大学出版社，2008.

[11] 潘雷，徐睿 . 探论我国新时期高等教育管理体制改革的时代背景 [J]. 华夏教师，2013（5）：88—89.

[12] 喻诚 . 谈新时期高等教育管理创新 [J]. 企业家天地，2013（9）：78—79.

[13] 李海鹏 . 新时期发达国家高等教育管理体制改革特点及启示 [J]. 国家教育行政学院学报，2012（9）：91—95.

[14] 杨丹 . 新时期高校教育管理理念的建构与实施 [J]. 高教探索，2015（10）：25—28.

[15] 刘京丽 . 新时期高等学校教学质量管理体系的构建 [J]. 吉林省教育学院学报（中旬），2012，28（3）：27—28.

[16] 甘文的 . 新时期高校学生管理工作创新分析 [J]. 时代教育，2016（11）：236.

[17] 郑波 . 当前我国高等教育管理的挑战和思考 [J]. 大学（研究版），2015（11）：25—32.

[18] 秦晓慧，庞炜，王明贤．浅析高等教育背景下提高新进学生工作人员综合素质的有效途径 [J]. 改革与开放，2015（10）：123，125.
[19] 隋瑶．浅析高校学生管理中的非权力领导力 [J]. 长春教育学院学报，2013，29（18）：128–129.
[20] 薛二勇．中国高校科研经费管理制度改革的政策分析 [J]. 北京社会科学，2014（3）：20–26.
[21] 陈桂香．大数据对我国高校教育管理的影响及对策研究 [D]. 武汉：武汉大学，2017.
[22] 刘昕．完全学分制条件下大学生教育管理研究 [D]. 济南：山东大学，2016.
[23] 韩泽春．基于高校辅导员专业化的教育知识管理研究 [D]. 长春：东北师范大学，2015.
[24] 赵蕾．立德树人理念下高校学生管理工作研究 [D]. 大庆：东北石油大学，2014.
[25] 张冠鹏．高校学生管理制度研究 [D]. 长春：东北师范大学，2013.
[26] 董晓红．高校创业教育管理模式与质量评价研究 [D]. 天津：天津大学，2009.
[27] 胡冠中．我国高校教育行政管理人员专业化研究 [D]. 天津：天津大学，2009.
[28] 魏灿欣．我国教育硕士学位论文质量现状及提升对策研究 [D]. 长春：东北师范大学，2009.
[29] 杨得志．高校安全教育的问题及改进策略研究 [D]. 长春：东北师范大学，2008.
[30] 赵君．新时期我国高校思想政治教育管理队伍建设研究 [D]. 武汉：华中师范大学，2008.